U0541711

国家社科基金项目结题成果　　项目编号：2014BMZ107

西部民族地区村民公共文化需求与供给研究

张 仙 著

中国社会科学出版社

图书在版编目(CIP)数据

西部民族地区村民公共文化需求与供给研究 / 张仙著 . —北京：中国社会科学出版社，2021.3
ISBN 978-7-5203-8219-9

Ⅰ.①西… Ⅱ.①张… Ⅲ.①民族地区—农村文化—公共管理—文化工作—研究—西北地区②民族地区—农村文化—公共管理—文化工作—研究—西南地区 Ⅳ.①G12

中国版本图书馆 CIP 数据核字（2021）第 063294 号

出 版 人	赵剑英
责任编辑	任 明 周怡冰
特约编辑	芮 信
责任校对	夏慧萍
责任印制	郝美娜

出　　版	中国社会科学出版社
社　　址	北京鼓楼西大街甲 158 号
邮　　编	100720
网　　址	http://www.csspw.cn
发 行 部	010-84083685
门 市 部	010-84029450
经　　销	新华书店及其他书店
印刷装订	北京君升印刷有限公司
版　　次	2021 年 3 月第 1 版
印　　次	2021 年 3 月第 1 次印刷
开　　本	710×1000　1/16
印　　张	9.25
插　　页	2
字　　数	161 千字
定　　价	75.00 元

凡购买中国社会科学出版社图书，如有质量问题请与本社营销中心联系调换
电话：010-84083683
版权所有　侵权必究

摘 要

西部地区具有较长的边境线，有众多的边境县，这些地区大多数是少数民族聚居区，经济发展的滞后区，也是各种文化思潮和民族主义思潮交融碰撞的敏感地区。这些地区城乡经济发展不平衡，特别是在城镇化推进的过程中，存在着城乡公共文化建设及服务差距较大，农村公共文化基础设施紧缺，村民公共文化活动贫乏，公共文化的供给与村民的需求不吻合，村民易受不良文化和腐朽文化的侵蚀和影响等问题。研究西部边境民族地区城乡公共文化的需求与供给，对于满足边境民族村民的公共文化需求，提升边境民族地区的自我发展能力，推进包容性发展，缩小城乡差距，增强民族间的共同愿望和梦想，促进边境民族地区的和谐和稳定，抵御不良文化和腐朽文化的渗透，巩固和扩大社会主义先进文化阵地，维护文化安全和国家利益具有重要的价值和意义。

本研究在对"公共文化""公共文化产品"等基本概念界定的基础上，建立了一级、二级变量指标，使公共文化的分析具有更加明确的指向性和具体性，为整个研究奠定基础。通过走访、问卷调查、访谈、文献分析、个案研究方法，本课题组对云南、广西、西藏、新疆边境村民公共文化的需求与供给现状进行了研究，在此基础上剖析了存在的问题并依次提出七种公共文化建设的实践模式。

通过研究发现，对于云南边境农村来说，在公共文化建设方面：一是面临着公共文化供给不足的问题；二是面临着公共文化需求与供给不匹配的问题；三是存在需求层次不高，如读书、看报，到农家书屋的频率较低的问题；四是一些优秀的传统文化（如孝道、诚信、自律、互助）的散失；五是村民信仰危机显现。这些问题制约着云南边境民族地区村民公共文化的建设和发展，制约着云南民族示范区的建设和发展。对于云南边境民族地区，部分农村公共文化基础设施及服务的供给偏离了农民自身的需求，公共文化供给主要停留在以"输血"方式为主的"送文化"下乡的状态，忽略了各个县、乡（镇）和村的差异性。因此，在文化下乡的公共文化供给服务中，要使"送文化"方式向"种文化"和"育文化"模式转轨。

广西边境民族地区农村公共文化在供给与需求方面主要存在以下几个问题：一是部分基层领导对边境文化建设重视不够，认为经济是基础，文化是上层建筑，只有把经济搞上去了，才能有财力搞文化建设；二是广西边境农村文化建设尚未适应农民的多元文化需求；三是广西边境部分农村文化基础设施不适合村民的需求，利用率低；四是走私、贩毒、吸毒、贩卖妇女儿童等现象还频频发生，经济利益冲击传统优良文化；五是外来异质文化影响跨境民族身份的认同。对于广西公共文化的供给与需求，应进一步落实国家公共文化建设相关政策，加强社会主义核心价值观的引领，深入挖掘地方特色文化，建设积极向上的公共文化体系。

西藏边境民族地区农村公共文化需求具有地域性、民族性、宗教性等特征，而且由于村民受教育程度相对较低，对公共文化需求的表述能力相对较差。在西藏边境农村，一些与落后的经济、社会生产生活方式相对应的消极的思想观念，还以民族特色的名义盘踞于一些群体甚至是西藏民族文化思想的深处。如封建农奴思想、封建迷信思想等，还在禁锢、钳制着西藏民众现代意识与科学理性的萌发。此外，西藏地区还面临着严峻的民族分裂势力的渗透和侵蚀。要弥合这种"文化错层"及侵蚀，在公共文化建设领域须从以下几个维度着力：首先，要通过更新扩大藏区民众的知识体系与认知面，培养其文化自知与自觉，树立起现代人文精神与价值追求；在文化思想与价值观的建设上，要把弘扬社会主义核心价值观作为西藏文化教育体系与现代公共文化服务体系构建的核心内容。其次，在文化认同上，要加大各民族与藏区人民的互动与交流，以消解或摆脱藏区相对封闭的文化生态环境对思想意识的惯性固化。通过实现西藏民众文化素养的普遍提升，唤醒其文化的自知与自觉，使其认知到民族文化认同与中华民族文化认同的同一性。

新疆由于交通较为闭塞，经济发展相对滞后，而且由于信息闭塞，村民整体文化素质不高，基础设施建设也相对滞后，宗教场所林立、宗教氛围浓烈，与文化阵地相比形成一热一冷、一强一弱的反差，已经严重影响到了新疆农村基层的先进文化影响力和文化安全。尤其是南疆三地州（和田、喀什、克孜勒苏），文化建设方面形势较为严峻，民族分裂势力和非法宗教活动频繁。新疆边境民族地区农村在文化建设上存在两方面的问题：一方面农村公共文化的空心化；另一方面本地传统文化与宗教色彩浓厚，人们日常生活常受到民族传统与宗教的双重约束。对于新疆边境民族地区村民公共文化建设，应通过利用、挖掘民族传统文化，并与中华民族文化融合发展，增强民族文化与汉民族文化的相互认同，促进新疆和谐社会发展。新疆的民族关系复杂、宗教文化氛围浓厚并与社会稳定问题交织在一起，新疆农村公共文化建设的成效在很大程度上就取决于如何把宗教文化纳入到社会主义核心价值体系的建设中去。新疆农村公共文化及服务供给应以社会主义核心价值观为核心，以努力提升多民族文化的认同感为己任。

西部边境民族地区农村公共文化供给与需求影响因素较多，本研究将其归纳为政府因素、村民因素、经济因素、文化因素、社会力量因素、传播媒介因素、邻国及宗教因素、城乡一体化因素8个一级因素和45个二级因素。其中，政府因素包括文化事业经费投入、文化机构数、从业人员数、基础设施建设、人才建设、文化政策及法规；村民因素包括村民年龄结构、村民民族结构、受教育程度、人均GDP、可支配收入、公共文化产品需求指数、参与积极性、村民满意度；经济因素包括旅游业收入、文化产业收入、文化产业占GDP比例、GDP增长率、全省GDP、财政支出、文化支出占财政支出比例、文化供给量、文化服务产品供给、地区教育投入比例；文化因素包括当地特色文化、非物质文化遗产、文化传承人数量、文化保护程度；社会力量因素包括民间组织数量、民间艺人数量、企业文化投入、组织活动次数、政策鼓励系数；传播媒介因素包括图书数量、报纸数量、电影放映次数、电视普及率、互联网普及率、智能手机普及率；邻国及宗教因素包括毗邻国家文化、宗教信仰；城乡一体化因素包括城乡公共文化共建、文化资源共享、文化特色共创、文化发展共荣。在云南、广西的边境农村，公共文化建设挑战较大的问题主要是当地特色文化及传统优秀文化的丧失；对西藏、新疆来说，对公共文化建设挑战较大的问题则是宗教文化及民族分裂势力的影响。

西部边境民族地区农村公共文化的建设由于影响因素较多，相互之间关系较为复杂，因此，公共文化供给与需求实现模式也包括多种。结合走访和调查，根据各地的公共文化的建设实践，本课题组将其归纳为七种模式。第一种是依托边境民族地区农村传统优秀文化，建设以农村村民为主体的内生模式。这种模式充分开发与利用边境民族地区农村传统文化，培养与团结边境民族地区农村文化精英，增强公共文化发展的内在导引力，充分挖掘以边境民族地区农村村民为主体的公共文化建设内生动力，促进边境地区村民公共文化的建设。第二种是"政府＋市场＋社会"模式。在公共文化产品和服务的供给上，主要由政府来承担相关费用，但在公共文化产品的生产、供给和具体服务中应适当引入市场机制，以便优化公共文化资源的配置，充分发挥市场的作用。第三种是"公共文化＋乡村旅游"模式。公共文化通过与地方传统优秀文化相结合，推动当地乡村旅游业的发展，推动乡村振兴战略实施。第四种是"互联网＋公共文化"模式。这种模式主要是通过信息技术，根据村民的需求，发布和推送不同的公共文化。第五种是"公共文化＋精准脱贫"模式。通过公共文化和精准扶贫结合，推进当地发展。第六种是"城乡一体化公共文化建设"模式。这种模式紧紧依托互联网的发展，通过建设虚拟信息空间、交流沟通空间，打造及时配送体系、支付体系，让城镇公共文化真正能向村落辐射，让村民能真正享受到及时便捷的公共文化服务。第七种是军民融合文化共建模式。这种模式通过军民融合共建的方式，可以有效解决西部农村公共文化的空心化及边境的安全稳定问题。

不同模式，对不同农村地区的影响不一样，有些模式可能只适合特定地区，如"公共文化＋乡村旅游"模式，主要适合云南、广西、新疆及西藏部分旅游资源比较丰富的乡村；有些模式则适合所有边境民族农村，如"互联网＋公共文化"模式。不同民族，不同地区农村公共文化供给与需求的实现模式应多样化。

西部边境农村由于地理的特殊性，在公共文化建设中还需要关注几个问题：一是边境民族地区公共文化建设与边境文化安全，包括境外政治、宗教、文化思潮对西部边境民族文化安全的影响。要建立起科学安全预警机制，维护西部边境民族文化安全；要加强社会主义核心价值观建设，对少数民族成员传播社会主流政治意识；要拓展民族文化发展途径，推进西部边境民族文化发展。二是发扬边境民族优秀传统文化与坚持社会主义核心价值观。对跨境民族加强社会主义核心价值观教育，应从青少年抓起。如果在教育中没有形成具有引领意义的、为人们普遍接受的主体价值信仰，那么，就会导致青少年价值观教育缺位，就会导致其他思想的趁虚而入。跨境民族青少年的教育如果属于这种"无根性"教育，将直接影响民族团结与边疆稳定。三是西部边境民族地区村民公共文化需求画像与隐私。随着大数据技术的发展，通过村民公共文化需求画像，可以更好地了解村民公共文化的需求情况，但在使用这一技术的过程中，应加强立法及相关法规制度建设，确保村民隐私权。

关键词：农村公共文化；西部边境民族地区；需求与供给

目 录

第一章 引言 …………………………………………………… (1)
　第一节 本课题研究的背景 ………………………………… (1)
　第二节 本课题研究的目的和意义 ………………………… (4)
　第三节 研究的主要内容和问题 …………………………… (5)
　　一 研究的主要内容 ……………………………………… (5)
　　二 研究的主要问题 ……………………………………… (6)
　第四节 研究方法 …………………………………………… (6)
第二章 主要概念界定及理论基础 …………………………… (8)
　第一节 主要概念 …………………………………………… (8)
　　一 公共产品 ……………………………………………… (8)
　　二 公共文化 ……………………………………………… (10)
　　三 农村公共文化 ………………………………………… (15)
　　四 城乡一体化进程 ……………………………………… (16)
　　五 西部边境民族地区 …………………………………… (18)
　第二节 理论基础 …………………………………………… (21)
　　一 公共产品理论 ………………………………………… (21)
　　二 马斯洛需求层次理论 ………………………………… (22)
　　三 新公共管理理论 ……………………………………… (22)
　　四 市场供需理论 ………………………………………… (23)
第三章 国内外公共文化研究综述 …………………………… (25)
　第一节 国外公共文化研究综述 …………………………… (25)
　　一 关于公共文化的研究 ………………………………… (25)
　　二 关于公共文化供给的研究 …………………………… (25)
　　三 关于公共文化产品及服务均等化、公平化的研究 ……… (26)

第二节　国内城乡一体化进程中村民公共文化需求与供给
　　　　研究现状……………………………………………（26）
　　一　公共产品供给与需求 ………………………………（26）
　　二　公共文化供给及需求 ………………………………（29）
　　三　农村公共文化供给与需求 …………………………（29）
　　四　城乡一体化进程与公共文化供给与需求 …………（31）
第四章　西部边境民族地区城乡一体化进程中村民公共文化
　　　　供给与需求现状分析 ………………………………（33）
第一节　云南边境地区城乡一体化进程中村民公共文化
　　　　供给与需求现状 ……………………………………（33）
　　一　云南边境民族情况 …………………………………（33）
　　二　云南城乡一体化进程 ………………………………（34）
　　三　供给分析 ……………………………………………（35）
　　四　需求分析 ……………………………………………（41）
　　本节小结 …………………………………………………（46）
第二节　广西边境民族地区城乡一体化进程中村民公共
　　　　文化供给与需求现状 ………………………………（49）
　　一　广西边境民族情况 …………………………………（49）
　　二　广西城乡一体化进程 ………………………………（49）
　　三　供给分析 ……………………………………………（50）
　　四　需求分析 ……………………………………………（53）
　　本节小结 …………………………………………………（61）
第三节　西藏边境民族地区村民公共文化供给与需求现状 ……（65）
　　一　西藏边境民族状况 …………………………………（65）
　　二　西藏城乡一体化进程 ………………………………（66）
　　三　供给分析 ……………………………………………（67）
　　四　需求分析 ……………………………………………（70）
　　本节小结 …………………………………………………（76）
第四节　新疆边境民族地区村民公共文化供给与需求现状 ……（79）
　　一　新疆跨境民族情况 …………………………………（79）
　　二　新疆城乡一体化进程 ………………………………（79）

三　供给分析 (80)
　　四　需求分析 (82)
　　本节小结 (85)
第五章　西部边境民族地区城乡一体化进程中村民公共文化需求与供给分析 (87)
　第一节　西部边境民族地区村民公共文化需求影响因素分析 (87)
　　一　政府因素 (88)
　　二　村民因素 (89)
　　三　经济因素 (90)
　　四　民族文化因素 (91)
　　五　社会力量因素 (92)
　　六　传播媒介因素 (93)
　　七　邻国及宗教因素 (94)
　　八　城乡一体化因素 (95)
　第二节　西部边境民族地区城乡一体化进程中公共文化供给特征 (96)
　　一　经济发展滞后，公共文化基础设施建设不均衡 (96)
　　二　人才资源匮乏，亟待解决 (96)
　　三　建设渠道较为单一，公共文化经费较为紧张 (97)
　　四　城乡一体化进展缓慢，公共文化供给差距较大 (97)
　　五　"一带一路"倡议对边境村民公共文化供给影响较大 (97)
　第三节　西部边境民族地区城乡一体化进程中公共文化需求特征 (98)
　　一　宗教文化对公共文化需求影响较为明显 (98)
　　二　多元少数民族文化对公共文化需求影响较为明显 (98)
　　三　公共文化需求增加，但总量不大 (99)
　第四节　西部边境民族地区城乡一体化进程中村民公共文化供给与需求之间存在的问题 (99)
　　一　西部边境民族地区农村公共文化建设发展不均衡 (99)

二　西部边境民族地区农村公共文化建设社会资本存量
　　　　不足 …………………………………………………… (101)
第六章　西部边境民族地区城乡一体化进程中村民公共文化
　　　　供给与需求实现路径 …………………………………… (102)
　第一节　挖掘和传承优秀民族文化 ………………………… (102)
　　一　开发与利用边境民族地区农村传统优秀文化 ……… (102)
　　二　培养与团结边境民族地区农村文化乡贤 …………… (102)
　　三　建设以村民为主体的公共文化内生机制 …………… (103)
　第二节　"政府＋市场＋社会"模式 ………………………… (103)
　第三节　"公共文化＋乡村旅游"模式 ……………………… (104)
　第四节　"互联网＋公共文化"模式 ………………………… (105)
　第五节　"公共文化＋精准脱贫"模式 ……………………… (105)
　第六节　城乡一体化公共文化建设模式 …………………… (106)
　第七节　军民融合文化共建模式 …………………………… (107)
第七章　西部边境地区农村公共文化建设中需要注意的
　　　　几个问题 ………………………………………………… (108)
　第一节　西部边境民族地区公共文化建设与边境文化安全 …… (108)
　　一　西部边境民族地区主要面临的威胁 ………………… (108)
　　二　维护西部边境民族文化安全的策略 ………………… (110)
　第二节　西部边境地区民族优秀传统文化挖掘与坚持
　　　　　社会主义核心价值观 ……………………………… (112)
　　一　跨境民族与边境文化 ………………………………… (112)
　　二　跨境民族与社会主义核心价值观教育 ……………… (113)
　第三节　西部边境民族地区城乡一体化进程中村民公共
　　　　　文化需求画像与隐私保护 ………………………… (113)
　　一　西部边境民族地区城乡一体化进程中村民公共文化
　　　　需求画像 ……………………………………………… (113)
　　二　西部边境民族地区城乡一体化进程中村民公共文化
　　　　需求隐私保护 ………………………………………… (115)
附录1　图表目录 ……………………………………………… (116)
附录2　边境民族地区农村公共文化建设调查问卷 ………… (119)

附录 3 边境民族地区农村公共文化建设资料收集提纲 …………（122）
附录 4 对农民的访谈提纲 ……………………………………（123）
附录 5 对乡镇文化工作人员的访问提纲 ……………………（124）
参考文献 ………………………………………………………（125）
致　谢 …………………………………………………………（134）

第一章 引言

第一节 本课题研究的背景

建设具有中国特色的社会主义文化，是中国特色社会主义思想的一个重要组成部分。坚定文化自信，是事关国运兴衰、事关文化安全、事关民族精神独立性的大问题。中国特色社会主义一直重视文化建设。中共中央关于制定"十一五"规划的建议提出，要积极发展文化事业和文化产业，加大政府对文化事业的投入，逐步形成覆盖全社会的比较完备的公共文化服务体系。要深化文化体制改革，建立党委领导、政府管理、行业自律、企事业单位依法运营的文化管理体制和富有活力的文化产品生产经营机制。要繁荣新闻出版、广播影视、文化艺术，创造更多更好地适应人民群众需求的优秀文化产品。要完善文化产业政策，形成以公有制为主体、多种所有制共同发展的文化产业格局和以民族文化为主体、吸收外来有益文化的文化市场格局。要加强文化市场管理，营造扶持健康文化、抵制腐朽文化的社会环境。要加强文物保护。积极开拓国际文化市场，推动中华文化走向世界（《中共中央关于制定"十一五"规划的建议》，2005）。

2011年《中华人民共和国国民经济和社会发展第十二个五年规划纲要》提出要"增强公共文化产品和服务供给。公共博物馆、图书馆、文化馆、纪念馆、美术馆等公共文化设施免费向社会开放。鼓励扶持少数民族文化产品创作生产"。十七届六中全会强调，坚持中国特色社会主义文化发展道路，深化文化体制改革，推动社会主义文化大发展大繁荣，必须全面贯彻党的十七大精神，高举中国特色社会主义伟大旗帜，以马克思列宁主义、毛泽东思想、邓小平理论和"三个代表"重要思想为指导，深入贯彻落实科学发展观，坚持社会主义先进文化前进方向，以科学发展为主题，以建设社会主义核心价值体系为根本任务，以满足人民精神文化需求为出发点和落脚点，以改革创新为动力，发展面向现代化、面向世界和面向未来的、民族的、科学的、大众的社会主义文化，培养高度的文化自觉和文化自信，提高全民族文明素质，增强国家文化软实力，弘扬中华文化，努力建设社会主义文化强国。《中共中央关于深化文化体制改革、推动社会主义文化大发展大繁荣若干重大问题的决定》指出，建设社会主义文化强国，就是要着力推动社会主义先进文化更加深入人心，推动社会主义精神文明和物质文明全面发展，不断开创全民族文化创造活力持续迸发、社会文化生活更加丰富多彩、人民基本文化权益得到更好保障、人民思想道德素质和科学文化素质全面提高的新局面，建设中华民族共有精神家园，为人类文明进步做出更大贡献。2015年1月，中共中央办公厅、国务院办公厅印发了《关于加快构建现代公共文化服务体系的意见》，要求以公益性文化单位为骨干，以公共财政为支撑，以全体人民群众为服务对象，以保障人民群众能够看电视、听广播、看书看报、举行公共文化观赏或者鉴赏、参加公共文化活动等基本文化权益为主要内容，不断完善结构合理、功能健全、覆盖城乡、实用高效的公共文化服务体系。

党的十八大首次以"富强、民主、文明、和谐、自由、平等、公正、法治、爱国、敬业、诚信、友善"这二十四个字来高度概括社会主义核心价值观的组成。社会主义核心价值观是在以马克思主义为指导思想，以实现中国特色社会主义共同理想为目标，坚持以爱国主义为核心的民族精神和以改革创新为核心的时代精神相结合的时代背景下产生的，是社会主义核心价值体系最核心的体现，也是公共文化建设的基石。

党的第十八届三中全会提出，城乡二元结构是制约城乡发展一体化的主要障碍。必须健全体制机制，形成以工促农、以城带乡、工农互惠、城乡一体的新型工农城乡关系，让广大农民平等参与现代化进程、共同分享现代化成果；紧紧围绕建设社会主义核心价值体系、社会主义文化强国深化文化体制改革，加快完善文化管理体制和文化生产经营机制，建立健全现代公共文化服务体系、现代文化市场体系，推动社会主义文化大发展大繁荣。全会提出，建设社会主义文化强国，要增强国家文化软实力，必须坚持社会主义先进文化前进方向，坚持中国特色社会主义文化发展道路，坚持以人民为中心的工作导向，进一步深化文化体制改革。要完善文化管理体制，建立健全现代文化市场体系，构建现代公共文化服务体系，提高文化开放水平。

"十二五"规划强调：加强农村公共文化和体育设施建设，丰富农民精神文化生活；加快消除制约城乡协调发展的体制性障碍，促进公共资源在城乡之间均衡配置、生产要素在城乡之间自由流动。统筹城乡发展规划，促进城乡基础设施、公共服务、社会管理一体化；坚持以人为本、服务为先，履行政府公共服务职责，提高政府保障能力，逐步缩小城乡区域间基本公共服务差距；改革基本公共服务提供方式，引入竞争机制，扩大购买服务，实现提供主体和提供方式多元化。推进非基本公共服务市场化改革，放宽市场准入，鼓励社会资本以多种方式参与，增强多层次供给能力，满足群众多样化需求（国家发展和改革委员会，2016）。

国务院关于印发"十三五"推进基本公共服务均等化规划的通知要求深化公益性文化事业单位改革，积极搭建公益性文化活动平台，以群众需求为导向，推行"菜单式""订单式"公共文化服务；要求加大政府向社会力量购买公共文化服务力度；要求深入推进公共图书馆、博物馆、美术馆、文化馆和综合文化站免费开放工作；要求以县级文化馆、图书馆为中心推进总分馆制，实现农村、城市社区公共文化服务资源整合和互联互通；要求加强文化遗产保护。在保障措施上，要求在乡镇（街道）和村（社区）统筹建设集宣传文化、党员教育、科学普及、普法教育、体育健身等功能于一体的综合性文化服务中心；为集中连片特困地区和西藏、四省藏区、新疆南疆四地州以及国家扶贫开发工作重点县、新疆生产建设兵团边境团场和南疆困难团场的每个县级文化馆配备一辆流动文化车，为村文化活动室购置基本公共文化服务设备。在城乡一体化方面，要求统筹运用各领域各层级公共资源，推进科学布局、均衡配置和优化整合；要求加大基本公共服务投入力度，向贫困地区、薄弱环节、重点人群倾斜，推动城乡区域人群均等享有和协调发展。

文化部2017年8月印发《文化部"十三五"时期公共数字文化建

设规划》，明确了"十三五"时期公共数字文化建设的六项重点任务。这六项重点任务包括：构建互联互通的公共数字文化服务网络；打造公共数字文化资源库群，加强资源保障；应用最新科技成果，畅通公共数字文化服务渠道，创新服务模式；统筹推进重点公共数字文化工程建设；鼓励和支持社会力量参与公共数字文化建设；加强公共数字文化建设管理。

党的十九大提出，要坚定文化自信，推动社会主义文化繁荣兴盛，并提出了乡村振兴战略，这要求乡村的公共文化建设也要取得大的突破。

随着国家对公共文化建设重视，很多地区的公共文化建设取得很多突破，电视基本普及，农家书屋、博物馆、图书馆等公共文化基础设施有了很大改善，然而，在西部边境民族公共文化及服务的建设过程中，还存在很多问题和挑战。因此，研究西部边境地区公共文化供给与需求，对于国家的安定团结，对于形成健康积极的文化氛围，对于脱贫致富都具有重要的意义。

第二节　本课题研究的目的和意义

西部地区具有较长的边境线，有众多的边境县，这些地区大多数是少数民族聚居的区域、贫困区，也是各种文化思潮和民族主义思潮交融、碰撞的敏感地区。这些地区城乡经济发展不平衡，存在着城乡公共文化服务差距较大，乡村公共文化设施紧缺，村民公共文化活动贫乏，公共文化的供给与村民的需求不吻合，村民易受不良文化和腐朽文化的侵蚀和影响等问题。研究西部边境民族地区城乡公共文化的需求与供给，构建现代化的公共文化服务体系，具有四方面的价值和意义：一是抵御不良文化和腐朽文化的渗透，巩固和扩大社会主义先进文化阵地，维护文化安全和国家利益；二是缩小城乡差距，增强民族间的共同愿望和梦想，促进边境民族地区的和谐和稳定；三是通过研究需求和供给，满足边境少数民族村民的公共文化需求，提升边境民族地区的自我发展能力，推进包容性发展；四是为边境民族地区公共文化建设提供学术支撑和理论借鉴。

第三节 研究的主要内容和问题

一 研究的主要内容

(一) 西部边境民族地区城乡一体化进程中村民公共文化需求与供给现状

通过走访、问卷调查、案例跟踪,深入分析城乡一体化进程中,分析不同宗教信仰、不同民族、不同邻国交往所形成的不同的村民公共文化需求现状;分析公共文化服务提供机构、基础设施、服务渠道、服务内容、服务模式等公共文化供给及消费现状,分析其存在的问题及产生的原因。

(二) 西部边境民族地区城乡一体化进程中村民公共文化需求与供给影响因素分析

从政府、村民、经济、民族文化、社会力量、传播媒介、邻国及宗教、城乡一体化等方面分析影响村民公共文化需求与供给的因素,研究其相互关系及动力机制,为边境少数民族地区推进公共文化服务体系建设提供建议和意见。

(三) 西部边境民族地区城乡一体化进程中村民公共文化需求与供给实现路径分析

根据问卷调查、访谈和影响因素分析,结合不同地区,提出不同的公共文化需求与实现路径,促进西部边境民族地区城乡一体化进程中村民公共文化及公共文化服务的发展。

(四) 西部边境民族地区公共文化建设与边境文化安全分析

从境外政治思潮、境外宗教、境外文化、农村文化的空心化等方面探讨西部边境民族地区公共文化建设过程中面临的威胁,并提出相关的对策和建议。

(五) 西部边境民族地区少数民族文化传承与坚持社会主义核心价值观的关系分析

通过访谈、调查,分析社会主义核心价值观与跨境文化、宗教文化之间的关系,探讨西部边境民族地区少数民族文化的传承与坚持社会主义核心价值观之间的关系，探讨社会主义核心价值观在西部边境民族地区的传播方式。

二 研究的主要问题

（一）西部边境村民的收入已经有了很大的增长，随着物质生活的提高，随着生活的急剧变化，村民对精神生活有了更多的需求，社会也对村民的公共文化活动有了更大的影响。当前，西部边境民族地区农村村民的公共文化需求和供给现状如何？供给是否能满足村民的需求？存在什么问题？

（二）西部边境民族地区农村村民公共文化的需求和供给受哪些因素影响？这些因素之间是什么关系？

（三）在城乡一体化进程中，西部边境民族地区农村村民的公共文化需求通过什么样的路径来供给？如何根据西部边境民族地区的特点，整合资源，提供更有效的供给，更好地满足边境村民的公共文化需求？

（四）西部边境农村在公共文化的建设及传播过程中，如何确保边境文化的安全？

（五）西部边境民族地区，公共文化的建设既有社会主义核心价值观的影响，也面临着境外文化、宗教文化、本民族传统文化的影响，如何整合这些文化，使其既能体现社会主义核心价值观，又能符合农村村民的需求？

第四节 研究方法

文献研究法。进一步收集文献资料，梳理国内外少数民族村民公共文化需求、公共文化服务体系建设理论研究成果和实证数据，总结城乡一体化进程中西部边境村民公共文化建设的理论和经验。

问卷调查法。根据西部边境民族地区空间分布的地域特点，分别选择与老挝毗邻的云南勐腊县，与缅甸接壤的景洪市，与老挝、越南两国接壤的江城县，与越南接壤的广西东兴市，与不丹、印度接壤的西藏亚东县，与塔吉克斯坦、阿富汗、巴基斯坦三国相连的塔什库尔干塔吉克自治县等地，选择西部边境民族乡镇，调查村民公共文化供给与需求情况，分析其特点和实现路径以及对其他地区的启示。

案例研究法。西部边境线较长，与境外接壤的乡村众多。为了深入探索，本研究选择了与老挝接壤的云南的勐腊县，与越南接壤的广西东兴市，与印度、尼泊尔、锡金接壤的西藏亚东县，与塔吉克斯坦、阿富汗、巴基斯坦三国接壤的新疆塔什库尔干塔吉克自治县为个案，对公共文化建设现状进行分析，找出存在的问题。云南省勐腊县与老挝接壤，当地人主要以傣族为主，文化受小乘佛教影响较深；广西东兴市的京族为跨境民族，相互之间文化交流较多，而且城镇化发展较快；亚东与印度、尼泊尔等接壤，深受藏传佛教的影响，而且在城镇化的进程中，很多村民实施了整体搬迁；塔什库尔干塔吉克自治县与塔吉克斯坦、阿富汗、巴基斯坦三国接壤，深受伊斯兰教文化的影响。

第二章 主要概念界定及理论基础

第一节 主要概念

一 公共产品

要了解公共文化，就要了解什么是公共产品。1954年，萨缪尔森提出了现在流行的公共产品的概念，但人类很早以前就注意到了公共产品问题。恩格斯在分析国家起源时就提到"易洛魁人已经有'讨论公共事务的部落议事会'""管辖的事情，包括低级阶段上的野蛮人的全部公共事务"。这里的公共事务就是我们现在所说的公共产品。希腊哲学家亚里士多德指出，人们常常只关心自己拥有的东西，对于公共的事务，影响较大，但人们却常常忽视公共事务，或者只留心到其中对他个人多少有些相关的事务。从中可以看出，亚里士多德不仅注意到了公共产品的存在，而且意识到了搭便车的问题。休谟则更加明确地论述了公共产品的问题，他在《人性论》中认为：当一件事情涉及很少的人的共同利益时，让这些人具有同样一种行为较为容易，而且这些人会竭尽全力；但当一件事情涉及很多人的共同利益时，要使这些成千上万的人具有同样一种行为，乃是很困难的，甚至是不可能的；他们对于那样一个复杂的计划难以同心一致，至于执行那个计划就更加困难了，因为个人都在找借口，想使自己省去麻烦和开支，而把全部负担加在他人身上。

萨缪尔森认为公共产品指的是一种每个人对这种产品的消费都不会导致其他人对该产品消费的产品。根据这一定义，有学者推导出这种产品的两个属性：一是各经济主体之间的消费互不影响，某一集体产品一旦提供，则增加的消费者对该产品的消费的边际社会成本为零，也就是说，该产品的消费具有非竞争性；二是所有社会成员都可以同时享受同样质量和数量的公共产品，一部分人对该产品的享受不能将其他人排除在外。

在萨缪尔森提出公共产品的概念后，一些学者对其内涵进行了批评及质疑，并作了发展。一些学者认为，从其字面意义来说，"公共"二字容易引起误会，会使人认为只要是政府提供的产品就是公共产品，而公共产品也必须由政府提供。也有一些学者明确地支持公共性的这种内涵，认为只要某种产品冠以"公共"一词，则这种产品理所当然地应该由集体或政府来提供。还有一些学者认为，萨缪尔森的公共产品概念范围狭窄，只定义了产品中的两极，一极是纯公共产品，另一极是纯私人产品，而在两极中间的大量产品被忽略了。也有学者认为萨缪尔森提出的概念虽然非常精练，但是太脱离实际。在实际的生活中，很少有产品是由社会所有成员等量消费的。能够完全满足萨缪尔森"灯塔"性公共产品标准的物品是极其少见的，甚至是根本不存在的。史蒂文斯（2003）认为，大概现实中没有哪种物品会满足纯公共物品的严格定义。斯特尼尔就认为，萨缪尔森的公共产品的定义只是想说明社会上存在一种社会想要，但不能由自发的私人市场提供的一类产品。

针对这些批评和质疑，萨缪尔森以及其他经济学家对公共产品的概念和特征作出了卓有成效的解释和发展。针对有人认为公共产品和政府供给之间存在必然联系的观点，萨缪尔森（1999）就多次宣称，公共产品并不一定要由公共部门来提供，它也可由私人部门来提供。W. Ver. Eecke（1999）也认为，理解一个概念，应看字面后面的内涵，而不是字面上的意义，就"公共产品"这一概念而言，其他名词例如奥尔森提出的集体产品（Collective Good）和马斯格雷夫提出的社会需要（Social Wants）等概念不见得就比公共产品这个名称更好。阿特金森和斯提格利茨（1994）认为，有一类商品具有这样一种性质：某个人消费的增加并不会使他人的消费以同量减少。

龙新民和尹利军（2007）认为，一种产品是否是公共产品，是由以下几个方面决定的：第一，一种产品是否为公共产品取决于其本身的物理特性以及同时代的技术水平。只有当一种产品具有（或近似具有）消费时不会耗竭的物理特性时，消费者在消费这种产品时才是非竞争性的。也就是说只有当对这种产品的消费是非稀缺的，它才可能成为公共产品；如果对这种产品的消费是稀缺的，则消费者在消费这种产品时必然相互影响，它也就不能成为公共产品了。第二，公共产品的两个特征都具有相对性。这种相对性首先与我们前面所说的技术进步有关，非排他性的相对性的典型例子是有线电视，加密技术的出现使有线电视从不可排他的产品转变为可以实现排他的产品；其次，消费的非竞争性也具有相对性，以无线上网来说，如果技术水平有限，信号不能覆盖整个辖区，则对信号的消费就有竞争性，如果技术足够先进，能覆盖整个辖区，则对信号的消费就具有消费的非竞争性。第三，排他性是指将一部分人排除在对某一公共产品的消费外，要么技术上不可行，要么是排他成本非常高。排他成本，既包括经济成本，也包括社会成本，这里主要指的是经济成本。基于此，我们可以将不同的物品划分为纯公共产品、准公共产品及私人产品。同时具备消费非排他性和消费非竞争性两个特征的物品是纯公共产品，两个特征都不具备的是私人产品，只具备一个的是准公共产品（程浩、管磊，2002）。

有学者认为，公共产品的交易毕竟与私人物品的交易有着本质不同，在众多符合帕累托最优标准的公共支出——税收分配方案中，哪一种结果会为大多数社会成员所接受，需要借助于某种政治决策机制，因此人们需要关注公共物品供求决定的交际交易过程（詹姆斯·M. 布坎南、马珺，2009）。

二 公共文化

公共文化是公共产品的一种，但公共文化由于具有文化的特性，因此相对来说要更复杂一些。在原始社会时期，人们的生产力水平很低，因此自觉自愿结成生产和生活共同体，即原始公社，从自然界中获取生存资料，共享劳动成果，共享文化。社会文化的生产通过仪式化的群体参与，以潜移默化的方式，使社会成员接受并信奉与社会发展相适应的宗教文化、道德观念、生活习俗、财产制度和价值意识，从而发挥促进生产发展、维护生活秩序、保障社会稳定的作用。

在西方文明中，有学者认为仪式化的宗教文化是古希腊罗马城邦时期的公共文化。透过这些仪式，可以看出宗教文化对于人们日常生活的影响和约束。除了仪式化的宗教活动外，还建有神殿、剧场、温泉浴室、竞技场和图书馆等大型公共建筑和文化设施。这些都表明，无论是古代中国、古希腊罗马，还是古埃及、古印度或其他古代文明，虽然地域上存在文化差异，但这并不影响各古代社会都有公共文化，而且有着多种形态的、差异化的公共文化。

在中国，先秦时期即形成了礼乐文化。随着时代的发展，这些礼乐文化逐渐趋向精英化，进而成为社会上层公共文化的一部分。在社会底层，即在民间社会，在人们日常生产和生活之中，也形成了相关的民间习俗。这些民间习俗，深刻影响和支配着基层民众的精神生活和物质生活，成了民间大众共享的公共文化。民间习俗作为社会下层的公共文化，主要是通过对地域社会的空间组织和再生产宗教信仰、道德意识、价值观念和行为准则来规范民间社会的生活秩序。

从"公共文化"的形成中可以看出，"公共"是相对于个体或私有而言。尽管"公共文化"是一个现代术语，但就其实质而言，公共文化是一个社会得以存在和延续的基本要素。因此，无论古今中外，只要有社会，就必然存在公共文化。不同地域、民族和社会形态的公共文化，有着各自的特色。随着社会经济的发展，不同历史阶段中的公共文化呈现为不同的发展形态。此外，公共文化随着社会历史的进步而不断改变形式、扩大范围和增添新的内容。

自"西学东渐"到近现代，在有关文化的知识体系中，中国并没有引进"公共文化"的概念，也很少有人使用这一概念。即使有，也主要是从"放置于公共场所的文化产品"角度来定义的，如，把面向全体市民的各级图书馆称为"公共图书馆"，以区别于归属各个部门、单位（如学校、科研院所）的图书馆，尽管这些部门和单位的图书馆与"公共图书馆"在所有制性质上是一样的，都属全民所有。

进入21世纪，"公共文化"一词的内涵在中国语境中有了深刻转变。2004年，上海明确提出"公共文化服务体系"建设目标，市政府投入财政资金，重点推进社区文化活动中心、东方社区信息苑、东方社区学校、东方讲坛、东方宣教中心、东方文化艺术指导中心等公共基础设施建设。上海推进"公共文化服务体系"建设的实践赋予了"公共文化"这一概念在中国语境中的新内涵,走出了公共文化仅仅局限在空间的狭隘界定。2006年,中共中央办公厅、国务院办公厅印发了《国家"十一五"时期文化发展规划纲要》,该纲要首次将"公共文化服务"纳入其中,并提出公共文化服务要以均等为原则。2007年,上海市发布了《上海文化发展"十一五"规划》,这一文件所使用的"公共文化服务体系"概念,在内涵上不仅涵盖了传统上由国家兴办的文化事业,如博物馆、图书馆、文化馆、广播电视等,也包括了此前所提出并推进建设的东方文化系列和社区文化活动中心等,还包括了公共文化的管理运行体制机制、公共文化的财政保障、其产品服务的生产供给、群众性文化活动、对外文化交流和对外文化宣传、文化遗产保护等内容,甚至将哲学社会科学事业也囊括其中。

中国共产党十五大报告中首次将我国文化发展领域区分为公益性文化事业和经营性文化产业两大部分,明确提出了文化管理体制改革的目标。

在中国共产党第十九次全国代表大会上,习近平总书记指出,思想文化建设取得重大进展,马克思主义在意识形态领域的指导地位更加鲜明,中国特色社会主义和中国梦深入人心,社会主义核心价值观和中华优秀传统文化广泛弘扬,群众性精神文明创建活动扎实开展。公共文化服务水平不断提高,文艺创作持续繁荣,文化事业和文化产业蓬勃发展,互联网建设管理运用不断完善,全面健身和竞技体育全面发展。主旋律更加响亮,正能量更加强劲,文化自信得到彰显,国家文化软实力和中华文化影响力大幅提升,全党全社会思想上的团结统一更加巩固(习近平,2017)。

对于公共文化的概念及特点,万林艳(2006)认为,应从外延和内涵两个方面来理解现代社会的公共文化及其特点。在外延方面,公共文化主要指具有群体性、共享性等外在公共性特征的文化,其特点是以文化站、群众艺术馆等公共文化场所为依托,借助公共图书馆、公共博物馆等公共文化资源,发展群众参与性、资源共享性的文化。在内涵方面,公共文化是在文化精神品质上具有整体性、公共性、公益性、一致性等内在公共性特征的文化,它培育人民的群体意识和公共观念,整合文化价值观念,追求文化的和谐发展。作者提出,判断一种文化是否是公共文化，较之群众参与的外在公共性，文化价值观念的内在公共性是更深层次的标准。张良（2009）也将公共文化分为外在的公共文化和内在的公共文化。外在的公共文化主要是指公共文化活动，公共文化资源、公共文化组织等外在可视的公共文化；内在的公共文化主要是指共享的核心价值观、文化认同、公共舆论、公共规则等无形的，内化于人们心中的公共文化。

公共文化的特征主要包括共享性、差异性和建构性等。在共享性方面，从文化产生、发展的过程中可以看出，文化在本质上具有公共性，这种公共性主要表现为文化为一定的人群所共同拥有。实际上，就文化的本质而言，文化天生是共享的。公共文化的共享性直接来源于文化的公共性。社会群体的平等参与是公共文化共享的重要形式，是实现其公益性的唯一途径。

在差异性方面，从文化发展的历史实践也可以看出，随着阶级社会的形成，文化发展出现了分化。不同社会群体占有社会生产资料的不均，导致社会阶级之间的文化差异、对立甚至冲突都非常大。公共文化的共享性只能在一定范围、层次和方式上体现社会各个阶层的平等，并不能改变整个社会阶级、财产和权利的不平等。由于阶级社会的存在以及人类社会生产力水平的限制，历史上，公共文化不分阶级和社会地位高低贵贱为全民共享毕竟是有限的，更多的只是象征意义，是对等级制社会制度及其矛盾的一种调适。公共文化的差异性主要表现在形态、空间和社会分层这三方面。首先，公共文化具有多种形态。公共文化的形态差异既反映了人们的不同民族属性以及信奉的不同宗教，也体现在不同的表现方式上——如某种艺术样式所具有的不同审美趣味上，从而区分出人的社会身份和地位差别。在不同的历史时期，社会历史的总体特征给公共文化发展留下了鲜明的历史形态特征。在当代中国，公共文化的形态差异不仅表现为地方性的文化差异，在组织形式上也有着鲜明的体现。比如公益性文化事业单位是由国家财政支撑的公共文化生产、供给和服务机构，而以民俗传统存在的公共文化则是由民间自发组织生产并共同分享的形态。除此之外，还有民众自愿结成的各类文化活动的非正规组织，这也是公共文化形态一种形式。其次，公共文化具有地域空间性。现实中的人总是生活在某一个特定地域中，某个地域空间的人群所拥有的文化，也会因这一地域空间的自然、历史和社会的独特性而在文化上有所体现。一方面，空间的自然属性差异直接影响和制约着生活在其中的人们的生产、居住和交往等；另一方面，文化本身也赋予这一地域空间以精神内涵，进而构成这一地域的文化空间。实际上，在民俗形态的公共文化中，各地民俗的丰富多样性正是公共文化差异性在地域空间上所体现的鲜明特征。最后，社会分层和阶级分化不仅在公共文化的形态上造成很大差异，而且构成公共文化内部本身的层次差别。在阶级社会中，不同的阶级在占有掌握生产资料和社会财富方面有着明显差别，致使不同层次的公共文化在建构社会空间过程中具有影响力的强弱之分。公共文化的层次差异正是通过社会空间的建构机制，来区分、规定和约束人的社会地位、阶级、身份及其相互关系。

  在拥有和共享相同的语言、信仰、道德、法律、习俗和生活方式的地区，人们形成了以公共文化为表征的社会共同体。社会共同体中的每一个成员，借助于公共文化完成其身份认同，完成社会共同体的建构。这种社会共同体可以是原始社会的氏族部落、乡村社会的村庄，也可以是一个宗教群体、一个民族甚或是一个国家。每一个公共文化都是存在于人们的日常生活之中，并且随着生产发展和社会结构的变化不断发展，同时也会反过来影响和制约着人类的生产实践和社会进步。一些资本主义国家可能实行的是文化的全部私有化，但一般情况下，一个国家可能有着其全民共享的公共文化，但也存在着分属不同地域、族群和层次的公共文化。事实上，公共文化整体所包含的差异性正是文化内涵丰富多样性的表现，文化内涵的丰富多样性使其充满张力且呈现为生动活泼的文化活力，并成为推动文化在交流融合中发展的重要动力。当然，公共文化的差异性也可能成为导致社会冲突和矛盾的重要原因。在现代社会，公共文化是社会成员国家认同的最重要载体，许多国家的主流意识形态都以象征符号的方式，通过公共文化的仪式性处处显示国家的"在场"。当然，如果公共文化内部结构的差异过于巨大，就有可能使分属不同地域、族群和层次的公共文化难以在国家的主流意识形态层面上实现整合，尤其是社会发展进入剧烈变化的时期，公共文化差异过大甚至有可能导致文化的分裂，从而加剧社会矛盾和冲突，进而导致国家的分裂。因此，在面对公共文化的差异性上，一方面要保护和发展公共文化内部的差异性，从而促进当地文化发展的内在活力；另一方面又要防止过大的差异性可能引发文化冲突，进而阻碍公共文化在国家层面上对社会的整合。总之，推进公共文化发展，并不是要消除其差异性，而是要使其保持内在和谐和张力，从而保障公共文化社会功能的实现（荣跃明，2011）。

三 农村公共文化

萨缪尔森认为，公共产品的定义是那些每个人消费这种物品或劳务不会导致别人对该种产品或劳务的减少的这种产品。与私人产品相比，公共产品具有效用的不可分割性、消费的非竞争性和受益的非排他性三个特征（岳海鹰、王秀萍，2006）。

根据萨缪尔森的定义，农村公共产品系指农村发展所需的，消费具有非竞争性和非排他性的产品与服务。从农村公共产品所涵盖的内容来说，农村纯公共产品包括农业政策、农村基层政府行政服务、农业科学研究和信息系统、农村义务教育、农村公共文化服务等（岳海鹰、王秀萍，2006）。农村准公共产品包括农村公共卫生、农村社会保障、农村水利设施、广播电视、农村道路建设等。

农村公共文化除具有公共产品及公共文化的一般特征外，还具有农村的独特性。陈昊琳（2009）认为，中国的农村公共文化具有较强的乡土气息，是在农村特定的经济、政治、生产、生活及娱乐中发展起来的文化。与城市公共文化相比，农村公共文化具有乡土性、传承性、垄断性、输入性四大特征。乡土性指村民在长期的生产生活中共同习得的思想、观念、规范和习俗。它既体现为农民的信仰、价值观念、道德规范、行为准则，也体现为农村的公众制度、历史传统、文化环境等。传承性指的是农村的文化活动中主要以家庭及自然村为单位的生产生活，较低的教育水平不仅阻碍了村民对新鲜事物的接受和利用程度，还阻碍了村民的创造力，因此，传承祖宗做法仍是村民主要的选择。垄断性指的是由于农村经济发展相对滞后，村民的公共文化消费主要是公共文化，因此，在农村文化市场上具有垄断性和不可替代性。输入性指的是长期以来，我国农村基本公共文化服务严重缺失，城乡间公共文化服务的过大差距，使各地的农村文化服务都强调"送"，让农民群众更多地接受城市文化的辐射。汪超（2009）认为农村公共文化产品是为了满足农村居民日益增长的物质文化需求，以政府为供给主体向农村提供的具有文化渗透性的各种文化产品和服务。张天学（2010）认为，农村公共文化产品指的是满足广大农民群众需求的，市场不能提供或不能完全提供，具有强大正外部效应的文化设施、产品或服务。刘琳（2009）认为，农村公共文化产品具有两大特征：一是追求社会效益、以非营利性为目的；二是为农村提供非竞争性、非排他性的公共文化产品和服务（阙培佩，2011）。

对于农村公共文化产品的分类，根据其存在方式，汪超（2009）将其划分为静态的农村文化产品和动态的农村文化产品。静态的农村文化产品包括文化资源、文化设施、文化日用消费品和静态展现的文化艺术；动态的农村文化产品包括文化服务活动和动态展现的文化艺术两类。于丽（2008）将农村文化产品划分为纯公共文化产品、准公共文化产品和私人文化产品三类。张天学（2010）则将农村公共文化分为文化基础设施、文化娱乐活动产品和文化服务三类。张良（2010）认为，农村公共文化是农村文化中为满足村民公共文化需求的部分，主要包括以下四个方面：第一是满足村民的基本文化权利的公共文化，包括看电影、看电视、看演出等活动；第二是具有较强公共性的农村公共文化基础设施，包括文化活动中心、图书馆、网络等；第三是有助于提高村民素质的农村文化活动，例如培训、读书看报等；第四是需要传承和发展的本土文化和传统文化，例如民俗艺术、民间工艺等。

在本研究中，对于农村公共文化一方面是着眼于社会效益、以非营利性为目的文化产品；另一方面是着眼于为农村提供非竞争性的公共文化产品和服务的文化领域，它涵盖了广大农村中的广播、电视、电影、出版、报刊、互联网、演出和图书等诸多文化领域，主要包括非营利性质的公共图书馆、博物馆、文化馆、美术馆，文化信息共享工程等。

四 城乡一体化进程

党的十八大提出要加大统筹城乡发展力度，增强农村发展活力，逐步缩小城乡差距，促进城乡共同繁荣。城乡一体化是中国现代化和城市化发展的一个新阶段。有学者认为，城乡一体化就是要把工业与农业、城市与乡村、城镇居民与农村村民作为一个整体，统筹规划、综合研究，通过体制改革和政策调整，促进城乡在规划建设、产业发展、市场信息、政策措施、生态环境保护、社会事业发展的一体化，改变长期形成的城乡二元经济结构，实现城乡在政策上的平等、产业发展上的互补、国民待遇上的一致，让农民享受到与城镇居民同样的文明和实惠，使整个城乡经济社会全面、协调、可持续发展（刘锦涛，2019）。据统计，2018年末，我国常住人口城镇化率（城镇人口比重）为59.58%[①]。在西部各省市自治区的城镇化发展规划中，广西计划在2020年达到54%；云南省计划到2020年，城镇户籍人口城镇化率上升到50%左右；西藏计划到2020年，常住人口城镇化率达到30%以上；新疆计划到2020年，城镇人口占总人口比重达到58%。从中可以看出，与全国相比，西部城镇化进程相对较慢，潜力较大。

当前，我国城乡差距较大，不仅体现在城乡居民物质生活方面，更体现在文化生活上。近几年，虽然党和国家增加了对农村文化建设的投入，颁布了一系列政策措施，但城乡文化发展差距大的问题并未得到真正改善，城乡文化一体化建设中仍面临着一系列问题。这些问题主要包括重视城市文化建设，忽视农村文化发展；农村文化建设管理体制不健全，缺乏长期稳定的组织保障系统；城市对农村文化建设的援助机制缺乏；农村文化人才不足；城乡文化统一市场难以形成；文化资源整合度和文化成果共享度较低；农民对城乡文化一体化的参与意愿不高，参与能力不强等（张涛、彭尚平，2012）。西部地区整体上存在大中城市发育度低，带动能力弱，小城镇发展滞后，城乡公共服务差距大等问题。如何处理好农村文化的空心化问题；如何以人为核心，不断提升乡镇及村落的公共服务能力，促进大中小城市和乡村协调发展；如何重视地方优秀民族文化，历史文化的保护与传承，加快公共文化供给侧改革，推进西部边境民族地区村民公共文化的建设，改变城乡二元结构，推进公共文化建设的均等化和公平性，促进乡村振兴，这些都是当前值得研究的问题。

---

① 李希如：《人口总量平稳增长 城镇化水平稳步提高》，国家统计局，http://www.stats.gov.cn/tjsj/sjjd/201901/t20190123_1646380.html，2019-01-23。

五　西部边境民族地区

从地理角度看，中国西部由四川省、陕西省、云南省、贵州省、西藏自治区、重庆市、内蒙古自治区、甘肃省、青海省、新疆维吾尔自治区、宁夏回族自治区、广西壮族自治区12个省、自治区、直辖市组成。从经济角度看，西部又包括湖北省的恩施土家族苗族自治州和湖南省的湘西土家族苗族自治州。西部地区土地面积约690万平方千米，占全国国土面积的71%；目前有人口约3.9亿，占全国人口总数的29%。

西部地区与十多个国家接壤，其中，西南地区与缅甸、老挝、越南相连，西部与不丹、尼泊尔、巴基斯坦、阿富汗相连，西北与哈萨克斯坦、吉尔吉斯斯坦、塔吉克斯坦、蒙古等地相连，具有较长的陆地边境线长。

其主要边境县市如表2-1所示。

表2-1　　　　　　　　西部边境县市

云南省	5市 11县 9自治县	普洱市	澜沧拉祜族自治县、江城哈尼族彝族自治县、西盟佤族自治县、孟连傣族拉祜族佤族自治县
		临沧市	镇康县、沧源佤族自治县、耿马傣族佤族自治县
		保山市	龙陵县、腾冲县
		文山壮族苗族自治州	麻栗坡县、马关县、富宁县
		红河哈尼族彝族自治州	绿春县、金平苗族瑶族傣族自治县、河口瑶族自治县
		西双版纳傣族自治州	景洪市、勐海县、勐腊县
		德宏傣族景颇族自治州	芒市、瑞丽市、盈江市、陇川县
		怒江傈僳族自治州	泸水市、福贡县、贡山独龙族怒族自治县
广西壮族自治区	2市 1市辖区 5县	防城港市	防城区、东兴市
		南宁地区	凭祥市、大新县、宁明县、龙州县
		百色地区	靖西县、那坡县
西藏自治区	18县	山南地区	洛扎县、错那县、浪卡子县
		日喀则地区	定结县、定日县、康马县、聂拉木县、吉隆县、亚东县、岗巴县、仲巴县、萨嘎县
		阿里地区	噶尔县、普兰县、日土县、札达县
		林芝地区	墨脱县、察隅县

续表

新疆维吾尔自治区	5市22县5自治县	哈密地区	哈密市、伊吾县、巴里坤哈萨克自治县
		和田市	和田县、皮山县
		阿克苏市	温宿县、乌什县
		喀什市	叶城县、塔什库尔干塔吉克自治县
		克孜勒苏柯尔克孜自治州	阿图什市、阿合奇县、乌恰县、阿克陶县
		昌吉回族自治州	奇台县、木垒哈萨克自治县
		博尔塔拉蒙古自治州	博乐市、温泉县
		伊犁哈萨克自治州	昭苏县、霍城县、察布查尔锡伯自治县
		塔城地区	塔城市、额敏县、裕民县、托里县、和布克赛尔蒙古自治县
		阿勒泰地区	阿勒泰市、青河县、吉木乃县、富蕴县、布尔津县、福海县、哈巴河县
内蒙古自治区	7个盟、市19个边境旗县	包头市	达茂旗
		巴彦淖尔市	乌拉特后旗、乌拉特中旗
		阿拉善盟	额济纳旗、阿拉善右旗、阿拉善左旗
		乌兰察布市	四子王旗
		锡林郭勒盟	苏尼特右旗、二连浩特市、苏尼特左旗、阿巴嘎旗、东乌珠穆沁旗
		兴安盟	科尔沁右翼前旗、阿尔山市、
		呼伦贝尔市	新巴尔虎左旗、新巴尔虎右旗、满洲里市、陈巴尔虎旗、额尔古纳市

（一）云南边境民族县市

云南省共有 25 个边境县市。其中，怒江傈僳族自治州的泸水市、福贡县、贡山独龙族怒族自治县与缅甸接壤；德宏傣族景颇族自治州的芒市、盈江县、陇川县、瑞丽县与缅甸接壤；保山市的腾冲县、龙陵县与缅甸接壤；临沧市的镇康县、耿马傣族佤族自治县、沧源佤族自治县与缅甸接壤；普洱市的孟连傣族拉祜族佤族自治县、澜沧拉祜族自治县、西盟佤族自治县与缅甸接壤，江城哈尼族彝族自治县与越南、老挝接壤；西双版纳傣族自治州的景洪市、勐海县与缅甸接壤，勐腊县与老挝、缅甸接壤；红河哈尼族彝族自治州的金平苗族瑶族傣族自治县、绿春县、河口瑶族自治县与越南接壤；文山壮族苗族自治州的马关县、富宁县、麻栗坡县与越南接壤。

（二）广西边境民族县市

广西边境有防城区、东兴市、宁明、凭祥市、龙州、大新、那坡、靖西 8 个边境县市与越南广宁、谅山、高平 3 个边境省接壤。这些边境地区是典型的西部地区，集边境地区、少数民族聚居区、贫困地区于一身。

（三）西藏边境民族县市

西藏有边境县 18 个，边境乡 104 个，边境地区总面积达 34.35 万平方千米，人口 40 余万。西藏同邻国及地区接壤的陆地边境线长 3842 千米。全区共有 5 个国家边境口岸，已开放的边境口岸有樟木、普兰、吉隆、日屋。其中，樟木、普兰、吉隆口岸为国家一类边境口岸。山南地区有洛扎县、错那县、浪卡子县；日喀则地区有定结县、定日县、康马县、聂拉木县、吉隆县、亚东县、岗巴县、仲巴县、萨嘎县；阿里地区有噶尔县、普兰县、日土县、札达县；林芝地区有墨脱、察隅县。这些地区主要是藏族聚居区。

（四）新疆边境民族县市

新疆与俄罗斯、哈萨克斯坦、吉尔吉斯斯坦、塔吉克斯坦、巴基斯坦、蒙古、印度、阿富汗 8 个国家接壤。陆地边境线长达 5600 多千米，占全国陆地边境线的四分之一，是中国面积最大、陆地边境线最长、毗邻国家最多的省区。这些地区主要是维吾尔族聚居区。

（五）内蒙古边境民族旗市

内蒙古与蒙古国和俄罗斯联邦接壤，国境线长 4200 多千米，共有 19 个边境旗市，分别是呼伦贝尔市新巴尔虎左旗、新巴尔虎右旗、陈巴尔虎旗、额尔古纳市、满洲里市；兴安盟阿尔山市、科尔沁右翼前旗；锡林郭勒盟苏尼特左旗、苏尼特右旗、阿巴嘎旗、二连浩特市、东乌珠穆沁旗；乌兰察布市四子王旗；包头市达茂旗；巴彦淖尔市乌拉特中旗、乌拉特后旗；阿拉善盟阿拉善左旗、阿拉善右旗、额济纳旗。

第二节 理论基础

一 公共产品理论

公共产品是指提供给每个人，由个人根据自己的偏好来选择是否消费的产品，它具有非排他性和非竞争性。Paul A Samuelson 认为，公共产品作为集体消费品，每个人都可以对它消费，而且每个人的消费都不会导致其他人对这种产品消费的降低。Joseph Stieglitz 进一步将公共产品的性质归纳为具有非竞争性的，任何一个人对这种公共产品的享受或消费并不会降低其他人对这种产品的消费或享受。从以上论述中可以看出，很多学者认为公共产品具有非排他性和非竞争性（Andreoni，1990）。但在资本主义国家，很多学者指出，社会中这样的纯公共产品很少，大多数是在私人产品和纯公共产品之间，具有一定程度的非排他性和非竞争性的准公共产品。它们可能发生拥挤，当消费人数低于拥挤点时，该产品是非竞争性的；当消费人数高于拥挤点时就变成竞争性的了。公共产品和准公共产品的非排他性和非竞争性特征，会诱发消费者在消费这类产品时往往出现"搭便车"行为（Olson，1965），结果导致产品供给者无法按照市场规律来获取利润而缺少热情。

从上述定义中可以看出，公共产品追求均等化。公共产品的均等化是指政府有责任为社会公众提供基本的、均等的公共产品。公共产品均等化实际上是公民的基本人权问题，即基本的生存权、健康权、受教育权、发展权等。进入现代社会后，公共产品均等化成为各国普遍追求的目标和社会文明的体现。

公共产品均等化主要强调机会均等，但不是简单的平均化。即公民在接受政府提供的基本公共产品时机会平等，起点一致，而不受地域、民族、收入水平、受教育程度等方面的影响。平均化是对资源进行简单的等额分配，均等化是保障公民基本权益的相对平均。强调的是"底线公平""生存公平""基本公平"，政府在提供基本公共产品时，要让公民享有自由选择的权利（Chen，2008）。

二 马斯洛需求层次理论

这里的公共文化"需求",指的就是人们在精神层面上感觉到的一种不满足或缺失,从而力求获得满足和弥补的心理状态。由于对当前提供的公共文化不满足,于是产生了想要得到满足的"需求"。公共文化消费需求就是人们通过对公共文化产品和文化服务的购买、使用、消费并由此获得精神上的愉悦和满足。公共文化需求与文化生产供给是相辅相成、共生共存的,是一对矛盾统一体。

马斯洛把需求分成生理需求、安全需求、爱和归属感需求、尊重需求和自我实现需求五类。马斯洛认为,需求在满足低层次的情况下向下一层次延伸,在自我实现需求之后,还有不作为必要层次的自我超越需求(马斯洛 A. H. ,1987)。需求层次理论有两个基本出发点,一是人人都有需求,但是只有在低层次需求获得满足后,更高一层的需求才会出现;二是必须首先满足当下最为迫切的需求,才会对别的需求有所期望。该需求满足后,更高一层次的需求才会显示出对其的激励作用。在需求层次理论中,生理、安全和感情上的需求,这些仅需通过外部条件即可得到满足的需求被划分为基本需求,而尊重、自我实现等这些需求需要通过内部因素才能得到满足的需求被划分成高级需求,而且很多人对尊重和自我实现的需求是永无止境的。同一时期,多种需求可以并存,但一个人总有一种主要需求占支配地位,对其行为起决定作用。任何一种需求都不会因为更高层次需求的发展而消失(杜一玉,2014)。

三 新公共管理理论

公共文化及服务作为公共产品的一种,与其他产品的管理理论有所差别。珍妮特·V. 登哈特和罗伯特·B. 登哈特(2002)用公民权利、社会资本、公共对话三个方面作为公共行政发展标准,构建公共管理新模式。强调政府与市民之间的平等对话、沟通与合作,是一种以政府为主体,多元参与,以尊重公民权、实现公共利益为目标,社会协调运作为手段的综合治理模式。

学者蓝志勇(2006)将新公共管理理论称为管理主义,主张政府改革要以市场化和社会化为价值取向,将私营部门的管理理念和管理方法引入政府管理活动的新公共管理理论。新公共管理理论对于公共文化的管理有很多的启示，对提高政府部门的公共文化及服务的管理绩效和水平，构建"企业家政府"有重要意义。在公共文化管理及实践中，尤其在处理政府与市场、政府与企业、政府与社会的关系上，新公共管理理论都提供了一套不同于传统行政学的新思路，即在提供公共文化物品和公共服务时，除政府机构以外，其他机构也可以具备这些职能，强调公共文化及服务市场化，强调在公共文化及服务供给中，建立市场机制和形成竞争关系，以提高公共服务供给的效率，公共文化及服务市场化改变了以前那种政府供给公共文化及服务、市场供给私人服务的二元分离格局。

世界银行1989年首次提出了"治理危机（Crisis in govemance）"，随后，在政治学、行政学、管理学等领域，公共领域的治理理论成为讨论的热点（胡祥，2005）。在公共文化的供给与需求的管理上，传统理论强调进行管理，但在西部边境民族地区，公共文化建设面临着复杂的问题，通过传统的方式进行管理，政府就变成了"超级保姆"，从而导致职能不断扩张、机构不断臃肿、服务质量不高、效率低下等问题，进而导致文化分裂和社会分裂。一般认为，治理指的是通过对公共权力的配置和运用，对社会的领导、协调和控制，以达到一定的目标。根据治理理论及西部边境民族地区农村的公共文化建设现状，可以从国家层面、社会层面，加强公共文化建设的引领，协调和控制，从而更好地完成公共文化的建设。

四 市场供需理论

经济学上认为，商品的市场价值或生产价格决定价格，价格决定供求；反过来，市场供求也决定价格，并通过调节不同生产条件下的生产，影响市场价值的形成与决定。从村民的角度来看，消费公共文化是免费的，但这个免费是国家来负责买单。因此，从国家和社会的层面来看，公共文化是需要购买的，是存在市场供需关系的。

（一）需求

在微观经济学里，需求指的是消费者在一定时期内在各种可能的价格水平下愿意而且能够购买的该商品的数量（高鸿业，2014）。农村公共文化产品和服务，村民进行创造和消费，政府负责购买。村民公共文化的需求数量由许多因素共同决定，比如政府的农村公共文化产品及服务预算、农村公共产品的价格、村民受教育水平、村民消费的偏好、消费的人数等。对于公共产品和服务来说，国家或者地方政府的财政预算越多，就能购买更多的公共文化产品及服务。在公共产品的市场价格方面，公共产品及服务价格越高，购买该商品的就越少；相反，价格低，政府就能多采购一些。关于消费者的受教育水平，一般情况下，受教育水平越高，对公共文化产品及服务的需求也越高。关于村民消费者公共文化的偏好，当消费者对某种商品的偏好程度增强时，该商品的需求量就会增加；相反，偏好程度减弱，需求量就会减少。

(二) 供给

经济学上，供给指的是生产企业或个体在一定时期内在各种可能的价格下愿意而且能够提供出售的该种商品的数量。当政府在市场上购买公共文化产品、服务、器材等时，这些产品、服务、器材的生产者就成了供给方。这些生产者再提供商品时，其供给数量取决于多种因素，其中主要的因素包括该公共文化产品及服务的价格、生产的成本、生产的技术水平、相关商品的价格、生产者对未来的预期，以及消费者的人数、需求量等。一般情况下，一种公共文化产品的价格高，会有更多的生产者投入生产，提高产量，供给的产量就越多；相反，公共文化产品的价格低，生产者就可能退出生产，降低产量，供给的产量就越少。

党的十八大报告（2012）指出，全面建成小康社会，实现中华民族伟大复兴，必须"发挥文化引领风尚、教育人民、服务社会、推动发展的作用"。对于国家来说，公共文化产品的特质就在于它的意识形态属性、性质的均等性。公共文化产品的核心是它的精神内涵，公共文化产品及服务的生产要始终坚持社会效益第一的原则，把精神内涵放在首位，实现精神内涵与物质载体及其经济效益的完美结合。在这种前提下，可以通过政府组织购买等方式获取相关产品及服务，提供给村民，满足村民的需求。

第三章 国内外公共文化研究综述

第一节 国外公共文化研究综述

一 关于公共文化的研究

国外关于公共产品的研究较多，有关公共文化的研究相对少一些。在研究内容上，有学者研究了国际博览会、博物馆、艺术馆等公共物品与公共文化建设的关系（Karp, Kreamer & Lavine, 1993; Roche, Bramham & Murphy, 1999）；有学者从电视节目、互联网、广场、纪念活动等方面研究了民主、多样性、社区、公民身份和归属等与公共文化紧密相关的问题（Kupiec Cayton, 2008）；有学者从电影院、广播、体育、餐馆和旅游等方面讨论了公共文化与消费的现代性之间的关系（Breckenridge, 1995）。在研究方法上，有学者认为，与文本对话是研究公共文化的一种重要方法（Watkins, Cotts & Swidler, 2006）。

二 关于公共文化供给的研究

在公共文化供给方面，许多专家学者进行了研究，并提出了很多有价值的观点。

蒂伯特（1956）认为，地方公共文化及服务的供给上应引入竞争机制，从而解决公共文化及服务供给效率不高的问题。托宾（Tobin, 1987）认为，对于公共文化产品及服务，如果完全通过私人或竞争的方式提供，可能会使市场分层分类，虽然会提高生产效率，但只是迎合接受者的需要而无法真正体现公平，不能起到培养国家认同、国家共同意识的作用。奥斯特罗姆（2012）认为，公共文化产品和服务的生产与供给应分开，生产可以由私人来承担，但供给应由公共部门来承担，这样能解决公共服务的均等化问题。因此，国外的公共文化及服务在供给上也存在三种模式。第一种是"政府主导"的公共文化及服务供给发展模式，这种模式以法国为代表。近二十多年来，法国文化预算占国家财政预算的比例一般都在1%左右甚至更高，并且各级地方政府用于公共文化建设的资金是国家预算资金的两倍（Bolton & Drew，1991）。第二种是"社会组织主导"公共文化产品及服务发展模式，也称为"民间主导"模式，这种模式以美国为代表。美国将供给主体分配到社会组织的手里，但通过制定整套严格的法律制度体系来保障公共文化及服务的有效供给（Churchill & Surprenant，1982）。第三种是"合作共建"公共文化产品及服务供给发展模式，这种模式以英国为代表。这种模式采用国家干预和市场调节相互作用的方式，来保障公共文化产品及服务的供给（Elaine Baldwin，2005）。

三 关于公共文化产品及服务均等化、公平化的研究

James R. Tobin（1987）认为，公共文化应当实现特定的平均分配。大部分公共服务，如果完全通过竞争或私人提供，有可能会导致市场的分层分类，即便能提高生产效率，却仅是适应部分接受者的需求，这不能真正体现公平。在我国，实行的是社会主义制度，全体人民当家作主，全心全意为人民服务是中国共产党的宗旨。公共文化及服务作为民众的一个福利，更应该体现出均等化及公平性，让每一个有需求的人都能得到，而不只是为特定人群或特点区域服务。当然，这里的均等及公平只是相对的，并不意味着将公共文化资源绝对平均分配，而是需要考虑效率和效益等问题。

第二节 国内城乡一体化进程中村民公共文化需求与供给研究现状

一 公共产品供给与需求

国内在研究公共产品的供给上，有学者认为，政府提供公共产品的

最优规模应符合资源有效配置的要求,但如何处理公共产品配置的均等性和有效性,是目前面临的挑战。根据萨缪尔森理论,公共产品与私人产品在消费上的边际替代率 MRS_{GX} 之和应等于生产上的边际转换率 MRT_{GX},用公式表示为:$\sum_{i=1}^{n} MRS_{GX}^{i} = MRS_{GX}$。其中,$MRS_{GX}^{i}$ 为第 i 个消费者的公共产品与私人产品的边际替代率,它等于第 i 个消费者所消费的两种产品的边际效用之比:MU_{G}^{i}/MU_{X}^{i}。MRT_{GX} 为公共产品与私人产品的边际转换率,它等于生产两种产品的边际成本之比:MU_{G}/MU_{X}(程浩、管磊,2002)。有学者认为公共产品及服务配置不存在帕累托改进。当前,中国农村公共产品供给决策程序一般采用"自上而下"的方式,决策机制沿袭的是以行政手段强制性供给机制,农村社区公共文化产品的供给主要不是农民需求的表达,没有体现农民意愿,而是由上级的指令决定。在这种决策机制下,中央给地方的转移支付和支出结构容易出现错位(陈池波等,2006)。有学者通过聚类方法进行研究,发现村民将公共设施及服务这类公共产品排在最后一位,处于最不重要的位置(孔祥智等,2006)。这也表明,在农村,很多村民还主要是以满足生理需求、安全需求等底层需求为主,对爱和归属感需求、尊重需求和自我实现需求还放在次要的位置上。有学者认为,多数村民的基本公共产品需求按照有生存、货币最大化、经济有利性三个原则,可以建构一个相对稳定的需求位序结构。不同层级的政府组织和社会组织可以根据自身的公共产品管理职责范围,确定自己可以提供的公共产品在位序结构中的位置,从而提供适时和有针对性的农村公共产品(刘义强,2006)。还有一些学者对"一带一路"倡议与公共产品建设进行探讨,提出中国通过主导"一带一路"沿线地区公共产品的提供,可改善因美日欧经济停滞所导致的公共产品供应能力的不足,推动沿线各国发展战略的对接与耦合,形成一个以中国为中心节点的合作体系网,推进亚洲文化的合作和认同(黄河,2015)。有学者将公共产品的支持力度所占 GDP 的比重作为指标进行了国际对比研究,认为中国应提供优质的公共文化及服务,进一步满足公众的公共产品需求(李军鹏,2003)。还有学者运用新制度经济学理论,对家庭承包制实施以来中国农村社区公共文化供给制度的变迁进行了系统考察,提出了分析和解释家庭承包制实施之后农村社区公共品供给制度变迁现象的系统的理论框架,并提出了一个非常重要的命题:农村公共产品的变迁是供给主导变迁还是需求诱导变迁(林万龙,2003)。在研究指导理论上,有学者认为马克思公共产品理论从以人为本,从整体和供给角度,围绕着社会存在和发展的共同利益需要研究公共产品、公共服务的本质及其供求问题,市场只是被当作供给公共产品的手段。西方公共产品理论以个人或消费占有为研究出发点,认为公共产品是弥补市场失灵的产物,围绕着消费偏好以市场需求为导向研究其供求问题(胡钧、贾凯君,2008)。还有学者认为,公共产品的需求和供给分析的实质是对公共产品的评价和激励分析(李成威,2005)。

在研究中国公共产品供给主体上,主要有三种观点:一种观点认为,政府应主导具有公益性和社会教育功能的公共产品及服务的供给,采用市场化的经营管理方式很难发挥公共产品的作用和功能(何继良,2007;张波,2008;张筱强、陈宇飞,2008)。孔进(2010)认为,公共文化是由政府主导、社会参与形成的普及文化知识,它是一个国家基本意识形态的基础,对经济和社会的发展有着基础性的作用。因此,在公共文化建设过程中,政府的作为是影响公共产品及服务数量和质量的最重要的因素。魏鹏举(2005)认为,在公共产品建设的过程中,公共财政和市场要相互协调,吸纳社会力量参与进来,提供必要的公共产品,合理优化资源配置。赵战军、谢梅(2005)认为,政府垄断性地进行公共产品及服务供给,存在效率低下且无法应对不同地区人民差异化的需求等问题。应建立公共产品及服务的市场化体制,改革公共文化投融资体制,使其成为政府公共产品及服务成本优化的主要制度。周晓丽、毛寿龙(2008)在前两种观点的基础上,提出三种供给模式。第一种是政府在政策和资金方面处于核心主体的"权威型供给"模式。第二种是市场"商业型供给"模式。这种模式主要包括三种类型:一是公共生产、市场提供;二是非公共生产、政府提供;三是非公共生产、混合提供。第三种是"志愿型供给"模式,这种模式由非营利组织或第三方提供。

在需求方面,李华等学者(2008)对多公共产品的需求弹性进行了探讨,并提出需求弹性高的公共需求有条件可增加市场供给的参与程度，需求弹性较低的公共产品应更多地由政府供给。

二　公共文化供给及需求

对于公共文化供给及需求的研究，主要包括以下三个方面。一是对公共文化的概念及其公共性特征的研究（万林艳，2006；荣跃明，2011），这些内容在第二章里已经进行了阐述，这里不再论述。二是对公共文化政策的研究。李少惠等（2010）将近60年来我国公共文化政策的发展历程分为萌芽期、停滞期、复兴和蓬勃发展期三个阶段进行梳理。萌芽期主要是新中国的成立到"文化大革命"前。这一段时期，文化事业呈现出生机勃勃的景象，形成了新中国文化艺术事业发展的第一个高潮，为文化的发展奠定了基础。停滞期是"文化大革命"期间。这段时期，公共文化建设受到了严重的阻碍。复兴和蓬勃发展期是1978年后。这段时期以党的十一届三中全会为标志，文化建设进入了新的发展阶段，公共文化领域全面开放，各项建设成就斐然。三是公共文化的需求研究。吕方（2012）认为，我国公民的文化需求呈现出多元、多样和高级化发展态势，要更准确地获取公共文化需求的真实信息，就要逐步推进政府供给导向向公共文化需求导向的转变，建立起公共文化需求的表达、选择和评估机制。金家厚（2009）认为，我国公共文化需求具有三个特征。一是公共文化需求由同质性走向异质性。不同文化背景、不同职业、不同收入、不同年龄段、不同阶层的人群对公共文化需求的重点和层次呈现出多样性和差异性。二是公共文化需求以群体性显露。不同社会群体具有相对不同的文化需求，同一群体内部的文化需求具有一致性。三是公共文化需求空间向社区转移。公共文化的需求越来越以社会的方式显现出来，比如社区的人群一起跳广场舞、一起散步、一起开展公共文化组织活动。

三　农村公共文化供给与需求

目前国内学者主要从农村公共文化供需存在的问题、政府主导机制、市场化机制、社会化机制、合作化机制等方面对农村公共文化供给进行分析和研究。

在农村公共文化供给与需求存在的问题方面，吴理财等（2009）

认为，中国的改革开放造成的农村人口流动，使得大量的农民外流，这些外流农民受外面的文化的影响，对村落的公共文化理念、传统习俗会产生离心作用。其次，在整个社会持续转型的大背景之下，社会的思想日趋多元化。这些多元文化不断流入农村，并与农村习俗发生激烈碰撞，外来思想的强烈冲击使得农村原有的习俗对农民思想、行为的影响力和约束力不断下降。缺乏了文化的统一性、一致性，文化认同开始下降，由此导致公共文化理念维系的纽带进一步松弛，这也导致部分传统文化及美德散失。张云峰（2010）对黑龙江农村地区公共文化现状进行了调查，从量化和定性两个方面对制约黑龙江省农村公共文化服务体系发展的经济社会发展水平、资金投入、基础设施、服务活动、人才队伍和政府认识、体制机制、市场发展、农民主体意识、法律法规政策等因素进行分析，并从完善基础设施、丰富服务内容、挖掘文化资源、发展文化产业、培育文化市场等方面提出了建设黑龙江省农村公共文化服务体系的具体措施与政策建议。徐英（2010）对贵阳农村地区的公共文化需求情况通过问卷、座谈等方式进行了调查，发现贵阳市农村公共文化服务存在人、财、物三大困难，需求与供给总量和结构矛盾突出，城乡"二元结构"状况明显等问题。洪艳等（2014）对湖南省村民公共文化服务体系进行了调查研究，认为农村缺乏人力资源、财力资源和文化资源，这严重影响着公共文化及服务的供给。倪峰（2008）、龚上华（2012）通过调查发现，农村公共文化产品、公共文化设施使用率偏低，政府主导型供给机制与农民的需求存在错位。

在供给机制上，顾金孚（2009）认为市场化机制可以从两个方面促进公共文化服务供给：一方面借助私人资本可以缓解政府资金不足的压力；另一方面通过市场竞争可推进政府提高公共产品的供给效率。此外，很多学者认为，发挥市场在文化资源配置的优势，对发展农村文化产业，培育农村文化市场和文化品牌有积极作用（朱云、包哲石，2013；疏仁华，2007；陈坚良，2007）。林敏娟、贾思远（2013）认为市场化机制是政府主导机制的补充，通过契约、交换、政策、制度协调好政企关系，构建政企的良性互动，可以更好地实现公共文化服务的有效供给。

社会化供给机制是农村公共文化供给的一种重要机制。路冠军和郭宝亮（2010）在考察农村的基本情况以后提出，民间文化组织较政府而言更能切实把握乡民的实际文化需求，在政府的培育和有效监管下能成为公共文化建设的有效传递者。陈波（2010）认为在乡村公共文化建设中，乡间艺人所受重视程度不够，缺乏资金支持和保护，致使农村的文化内生能力弱化。

基于"政府失灵"与"市场失灵"角度，朱旭光等（2010）认为，公共文化应以"合同制"作为政企合作的桥梁，引入市场机制，通过政府与文化企业之间的合作来实现公共文化及服务的供给。张祖群（2014）认为，政府可通过采购公共文化产品和服务的方式，与企业合作，让企业来供给公共文化产品及服务。吴琳等（2013）提出通过构建政府与社会组织"参与式"的文化管理机制，来完成公共文化供给。政府通过政策手段引导社会文化力量参与到公共文化服务供给中来，明确职责，实现长期有效的合作。

在农村公共文化需求上，有学者认为，农民的公共文化需求主要表现为理性获利、锻炼身体、娱乐休闲等（曾志娟、詹嘉文，2012）。

四　城乡一体化进程与公共文化供给与需求

在城乡一体化与公共文化建设方面，国内学者主要从机制建设、服务模式、实现路径等方面进行了研究。

当前，"城乡二元结构"已经成为目前中国经济和社会发展的一个严重障碍。"城乡二元结构"的问题不解决，不但会造成一个城乡断裂的社会，甚至连城市本身的发展也会失去支撑和依托。我国城乡二元经济结构主要表现为：城市经济以现代化的大工业生产为主，而农村经济以典型的小农经济为主；城市的道路、通信、卫生和教育等基础设施发达，而农村的基础设施落后；城市的人均消费水平远远高于农村。在乡村振兴的背景下，如何推进城乡一体化，推进城乡公共文化产品及服务一体化建设，缩小城乡差距，这是农村公共文化建设需要解决的难题之一。

党的十八大报告指出"城乡发展一体化是解决'三农'问题的根本途径。加快完善城乡一体化体制机制，促进城乡生产要素平等交换和公共资源均衡配置"。习近平总书记在四川考察时强调，"党的十九大提出实施乡村振兴战略,这是加快农村发展、改善农民生活、推动城乡一体化的重大战略,要把发展现代农业作为实施乡村振兴战略的重中之重,把生活富裕作为实施乡村振兴战略的中心任务,扎扎实实把乡村振兴战略实施好。"

有学者认为,要实现民族地区城乡公共文化服务一体化建设,首先要创新体制与机制,包括完善顶层设计,构建公共文化城乡一体化建设的制度体系;其次是拓展新路径,实现民族地区城乡公共文化服务建设共同繁荣;最后,应由国家层面统筹规划,加大财政扶持力度,吸纳社会资源,创新城乡共建模式(李桃、索晓霞,2014)。在服务模式方面,学者施建明、吴昊(2013)认为,当前城乡一体化公共文化的建设主要应整合城乡文化精神、加快我国城市化进程,以城带乡的模式发展。

第四章　西部边境民族地区城乡一体化进程中村民公共文化供给与需求现状分析

第一节　云南边境地区城乡一体化进程中村民公共文化供给与需求现状

当前，在城乡一体化进程中，在地州县市，许多公共文化如博物馆、图书馆、文化馆等是共享的，因此，在研究边境村民公共文化供给的过程中，既要考虑专属村民的农家书屋、文化广场等的建设情况，也要研究整个地州县市的公共文化建设情况。

一　云南边境民族情况

西部边境中，云南有16个边境民族，这些民族分别是傣族、壮族、苗族、景颇族、瑶族、哈尼族、德昂族、佤族、拉祜族、彝族、阿昌族、傈僳族、布依族、怒族、布朗族、独龙族。这些民族中有些是跨境而居，不仅居住在中国边疆，也分布在境外，如越南、老挝、缅甸等地，有的甚至延伸至泰国、柬埔寨、印度等国。傣族跨境人口最多，分布也最广，沿国境线北起腾冲向南，再向东至麻栗坡，22个县市都有千人以上的聚居地；壮族主要集中在马关、麻栗坡、福宁、金平、河口、勐腊等地；布依族主要集中在马关、河口两处边境地；哈尼族广泛分布于云南南部沿边一带自金平西至澜沧；拉祜族主要聚居在澜沧县；彝族沿边地带自福贡向南再向东都有居住；傈僳族主要分布在耿马以北沿边10县市；景颇族主要分布在德宏沿边；怒族主要分布在福贡、贡山；阿昌族主要聚居在德宏、梁河两县；独龙族是云南世居人口最少的民族之一，主要聚居在贡山独龙江流域；苗族主要聚居在红河、文山一带；瑶族主要在云南沿边地带中越边境；佤族以沧源、西盟腹地为主聚居；布朗族集中于勐海县布朗山以及周围山区；德昂族主要在潞西、镇康两县。

二　云南城乡一体化进程

为了推进云南城乡一体化建设，2014年4月，云南省出台了《中共云南省委、云南省人民政府关于推进云南特色新型城镇化发展的意见》。该文件对推进云南特色新型城镇化发展，提高城镇化发展质量和水平，破除城乡二元结构，传承文化的城镇化发展道路，提出了总体要求。意见要求坚持从云南基本省情出发，注重提升城镇化质量，注重产业支撑和增加就业，注重促进生态文明建设，注重城乡区域协调发展，注重地方民族文化传承，有序推进农业转移人口市民化、城镇空间布局合理化、城镇建设特色化、基础设施现代化、公共服务均等化、人居环境友好化、城乡发展一体化、人民物质精神富有化，走出一条具有云南特色的新型城镇化发展道路。在城镇化布局和形态方面，要求加快沿边开放城镇带的建设，通过深入挖掘、合理利用云南丰富的民族文化、历史文化、边地文化和人文景观、加强文化保护和历史传承，加大历史文化名城名镇名村和历史文化街道保护力度，延续历史文脉，融入传统文化元素，促进城镇功能提升与文化文物保护相结合，与原有自然人文特征相协调。将民族文化强省建设与现代城镇体系建设有机结合起来，依据各地自然环境和历史文化禀赋开展城镇建设，体现区域差异性，突出形态多样性。鼓励支持民族自治地区塑造富有地域特色、民族特征的城镇风貌和建筑风格，打造一批历史底蕴厚重，时代特色鲜明的人文城镇。在推进美丽宜居乡村建设方面，要求深入发掘整理传统村落文化，制定传统村落和民居保护名录，编制保护发展规划，落实保护措施和资金投入，注重活态传承，展示传统建筑风貌。积极开展特色民居研究与推广，加强传统民居建造技术调查，传承乡土建筑文化、风貌材料和建筑工艺，全面推广适宜各地本土文化的民居通用图。积极创建风景美、生态美、生活美、功能全的美丽宜居小镇和田园美、村庄美、生活美的美丽宜居村庄。

2016年7月，云南省出台了《云南省人民政府关于深入推进新型城镇化建设的实施意见》。该文件从总体要求、加快推进新型城镇化综合试点、全面提升城市功能、加快培育中小城市和特色小城镇、辐射带动新农村建设、完善土地利用机制、创新投融资机制、完善城镇住房制度、健全新型城镇化工作推进机制等方面提出了城乡一体化建设的要求。要求从云南基本省情出发，按照"五位一体"总体布局和"四个全面"战略布局，牢固树立创新、协调、绿色、开放、共享的发展理念，努力走出一条"以人为本、四化同步、优化布局、生态文明、文化传承"的云南特色新型城镇化道路。在发展目标上，计划到2020年，全省常住人口城镇化率达到50%，户籍人口城镇化率达到40%。实现全省累计新增城镇户籍人口500万人左右，引导250万人在中小城镇就近就地城镇化，促进在城镇稳定就业和生活的150万人落户城镇，推动100万人通过棚户区、城中村改造改善居住条件实现城镇化。要求推动基础设施和公共服务向农村延伸。加大对传统村落民居和历史文化名村名镇的保护力度。加快农村教育、医疗卫生、文化等事业发展，推进城乡基本公共服务均等化。

如何缩小城乡差距、协调城乡发展、实现基本现代化，是统筹云南城乡发展中的重要问题，也是云南当前经济社会中需要解决的焦点问题。在云南城乡一体化推进过程中，主要存在以下一些问题：一是经济发展失衡，第三产业主要集中在城市里；二是贫困人口较多，农村扶贫对象的贫困程度很深；三是农村基础事业和公共服务建设滞后；四是体制机制不够健全，缺乏创新举措。因此，有学者（李达等，2015）认为，云南应以优化产业结构和转变经济发展方式为重点，以加大连片特困地区的扶贫力度为手段，不断推进农村基础设施和公共服务一体化建设，突破统筹城乡发展过程中的体制和政策障碍，创造出一个与城市居民均等的生产和生活环境，为早日实现城乡经济社会发展一体化奠定良好的基础。

三 供给分析

云南城乡一体化进程中，边境农村公共文化供给方面涉及的内容较多，本研究主要从基础设施、财政投入、社会资本三方面进行分析。

(一) 公共文化基础设施供给现状

公共文化基础设施包括的内容较多，这里主要从图书馆、表演场所、文化站、博物馆等来探讨八个边境地州的供给情况。在后面的案例里将结合电视、电影、互联网等对部分边境农村供给情况进行分析。

1. 公共图书馆建设现状

据《云南数据年鉴》统计，近三年边境地州的公共图书馆建设数量如图4-1所示。

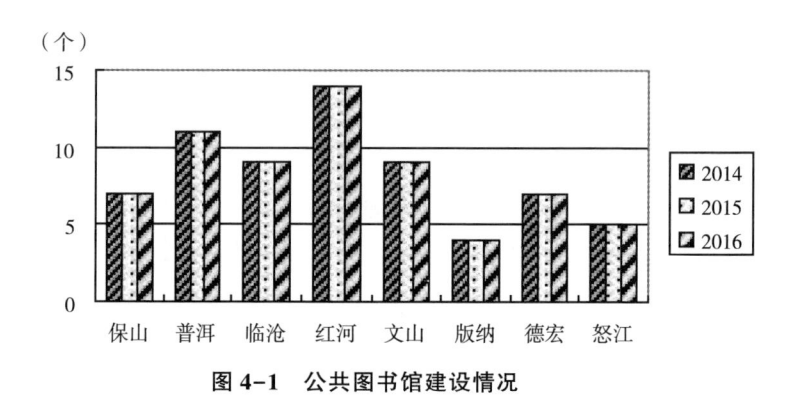

图4-1 公共图书馆建设情况

从图4-1中可以看出，近三年来，边境地州的图书馆基本上没有变化。这也说明，近三年来，云南在边境地州公共图书馆的建设上没有新的投入。

在公共图书馆藏书方面，近三年边境地州馆藏书如图4-2所示。

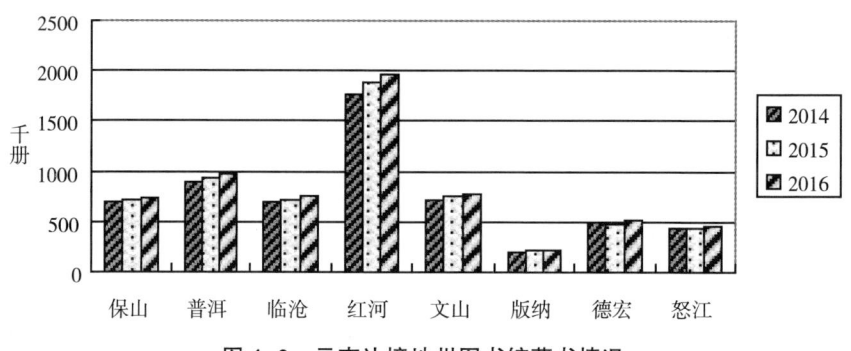

图4-2 云南边境地州图书馆藏书情况

从图4-2中可以看出，在藏书方面，近三年，云南边境地州图书馆藏书量有所增加。

2. 表演场所

在表演场所方面，近三年建设情况如表4-1所示。

表4-1　　　　　　　　艺术表演场所建设情况

年份	保山	普洱	临沧	红河	文山	版纳	德宏	怒江
2016	1	1	—	2	—	10	—	—
2015	1	1	—	2	—	7	—	—
2014	1	1	—	2	—	1	—	—

从表4-1中可以看出，除了保山、普洱、红河和西双版纳外，其他边境地州都没有专门的艺术表演场所；德宏拥有16支艺术表演团体，是云南边境地州中拥有艺术表演团体最多的；怒江和保山只有6支，是最少的。2013年底，整个云南省共拥有艺术表演机构142个（云南统计年鉴，2014），而浙江有733个（浙江统计年鉴，2014），差距非常大。

在群众艺术馆建设方面，近三年的建设情况如图4-3所示。

图4-3　群众艺术馆建设情况

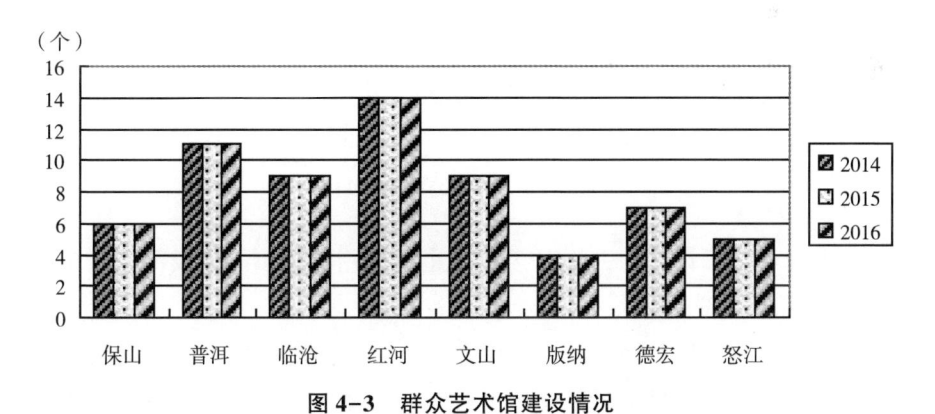

从图4-3中可以看出，近三年来，边境八个地州，群众艺术馆没有新增，基本上稳定在2014年水平。

3. 文化站建设情况

从图4-4可以看出，近两年，八个边境地州市的文化站建设没有变化。

图 4-4　文化站建设情况

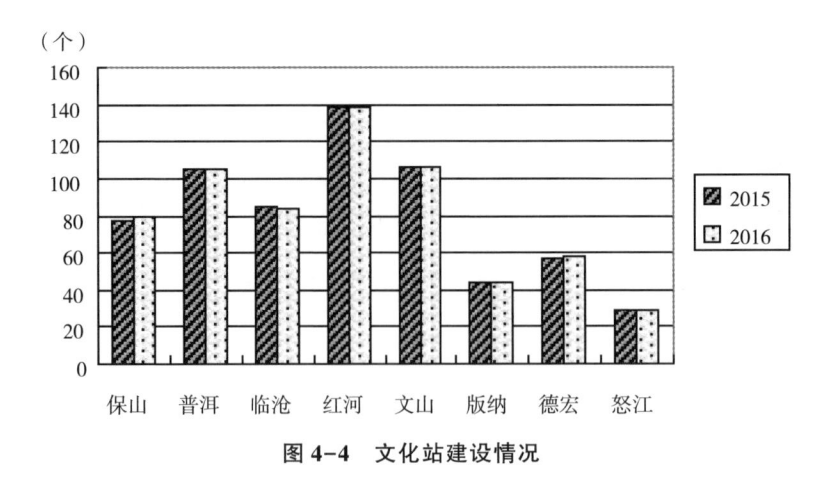

4. 博物馆建设方面

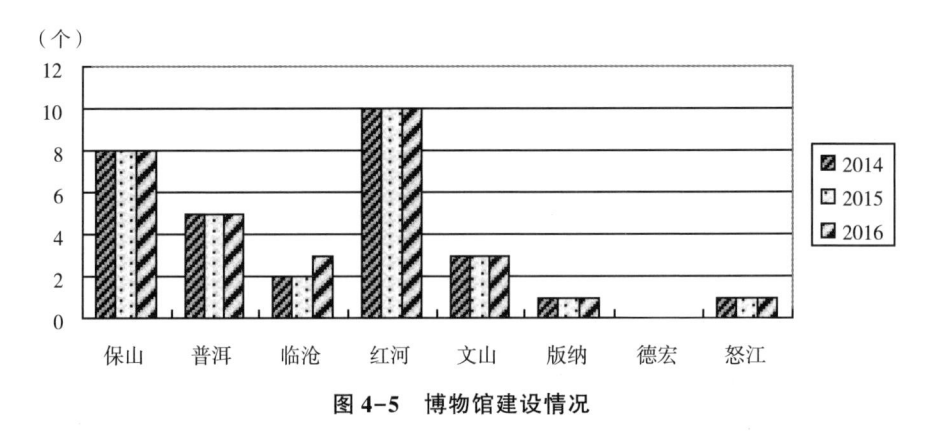

图 4-5　博物馆建设情况

从图 4-5 可以看出，近三年云南边境地州博物馆的建设没有变化。

5. 文化惠民工程

云南省在公共文化建设的过程中，结合实际提出了"广播电视村村通工程、公共数字文化惠民工程、村级公共文化服务能力提升工程、文化流动服务网络建设工程、国门文化形象建设工程、千里边疆文化长廊、文化遗产保护工程、农村电影放映工程、农家书屋建设工程、七彩云南全民健身工程" 10 项文化民生工程（黄峻，2012）。在调查的过程中，发现云南广播电视普及率达 90% 以上，基本实现了村村通；在公共文化数字化建设方面，虽然很多村都接入了网络，但很少有人使用，整体上还是一个摆设；村级农家书屋、公共文化人才等都有了极大改善，服务能力有了很大改进，文化流动服务网络工程也不断推进，送戏下乡，送教下乡等活动开展的频次都有所增加。与老挝、越南、缅甸接壤的地方，经济发展都相对不错，国门建设、边疆文化长廊建设，彰显了中国的经济实力和文化实力。近年来，政府还专门拨出专款，来进行文化遗产保护、利用、传承。此外，电影，农家书屋，健身工程等得到了巨大的发展。

(二) 政府财政投入分析

公共文化由于属于公共产品领域，政府财政投入是其主要渠道。对于边境地州来说，近两年其公共文化投入如图4-6所示。

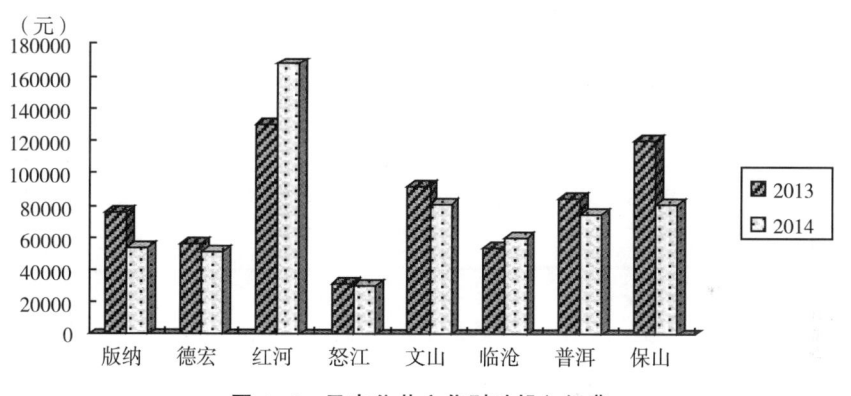

图4-6 云南公共文化财政投入经费

从图4-6可以看出，云南边境地州公共文化服务财政经费相对较少，而且总体呈现下降趋势。云南作为边疆地区，经济发展相对滞后，公共文化服务建设投入有限。据统计，2014年，云南人均财政拨款为32元，与全国平均42.65元相比，云南公共文化服务在投入方面差距还比较大。[①] 特别是在云南边境农村，即使是作为云南省公共文化服务建设示范区的保山，2014年人均财政拨款也才为31.72元，而其他地区人均财政拨款更少。按照2013年《中央补助地方农村文化建设专项资金管理暂行办法》和2009年云南省出台的《关于加强农村公共文化服务体系建设的意见》规定，每个行政村平均每年可获得中央和省级财

---

① 云南省文化厅：《云南省文化厅2014年工作总结》，2015年1月。

政划拨文化活动经费约为1.1万元，而现在的行政村一般都有10个左右的自然村，每个自然村的活动经费较少，人均财政拨款更少。2016年，全省人均文化事业费为45.85元，排名全国第22位，西部10省区第9位[①]，云南受限于财政收入，人均文化事业费增长缓慢，因此，到2020年要实现建成现代公共文化服务体系的目标，面临的挑战还很大。

（三）社会资本供给分析

公共文化建设在云南发展较为滞后，虽然这些年一直强调应以政府为主导，积极引导其他机构参与进来，但总体上来说，与省外其他地方如福建省福鼎市管阳镇西昆村相比（蔡哲毅，2016），云南省投入到公共文化领域的社会资本较少，创新不够。当前，云南边境民族地区村民的社会资本供给主要包括两方面，一是群众举办的特色民间文艺活动，另一个是依托群众艺术馆及文化馆开展的活动。群众举办的特色民间文艺活动方面，在对边境勐腊、河口、江城共三百多份问卷调查分析的基础上发现，72.70%的村民认为村里举办过特色民间文化活动，这些文化活动有54.54%是自发组织的。在群众艺术团体方面，云南供给情况如图4-7所示。

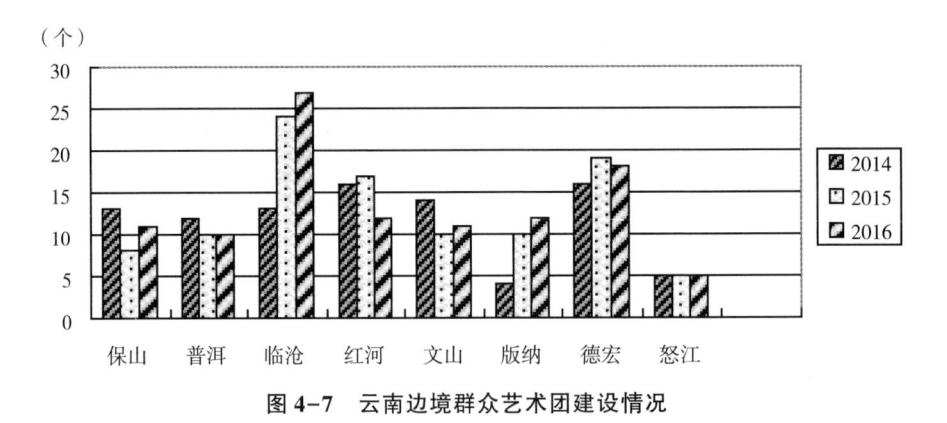

图4-7 云南边境群众艺术团建设情况

在群众艺术团方面，临沧、德宏较多，怒江等少数民族聚居的地方由于经济发展相对滞后，团队相对少一些。此外，在传统民族节庆日，

---

① 云南省文化厅公共文化处：《云南省推进现代公共文化服务体系建设情况汇报》，2017年7月。

一些当地企业也会捐助开展公共文化活动。

四 需求分析

按照马斯洛的需求层次理论，不同年龄、不同性别、不同民族、不同受教育水平及收入的村民有不同的需求；而从经济学供给需求理论上看，凯恩斯主义者认为需求决定着供给，萨伊定律则认为供给创造着自己的需求（张军，1991）。本书将先从需求层次理论进行分析，后面再从经济学的角度进行一个探讨。

（一）不同年龄、不同性别和不同民族对供给的需求

根据马斯洛理论，假设不同年龄、不同性别及不同民族对公共文化供给的需求如表4-2所示。

表4-2　　　　　村民对公共文化服务需求情况

（其中，S代表强，M代表中间，W表示弱）

类别	年龄			性别		民族	
	青少年	中年	老年	男	女	汉族	少数民族
生理需求	S	S	S	S	S	S	S
安全需求	S	S	S	S	S	S	S
社交需求	S	S	M	S	S	S	S
尊重的需求	S	S	S	S	S	S	S
自我实现的需求	S	M	W	S	M	S	S

通过调查发现，不同年龄及性别村民群体对公共文化服务的需求与表4-2的假设基本成正相关。边境民族地区村民的公共文化服务需求对前四层的内容较多，第五层较少；青少年对现代化的信息和文化供给需求更大，老年人对传统文化和地方特色文化的供给需求量更大；少数民族，特别是老年人对本民族的文化认同感较高，因此对本民族的优秀文化需求更大。

（二）不同受教育水平对供给的需求

本研究将云南边境地区村民的受教育水平分为以下五个层次，并对其需求作了如下假设，如表4-3所示。

表4-3　　　　　　不同受教育水平的村民对供给的需求

(其中,S代表强,M代表中间,W表示弱)

类别	文盲	小学	初中	高中及高职高专	大学及以上
生理需求	S	S	S	M	M
安全需求	S	S	S	M	M
社交需求	M	M	M	S	S
尊重的需求	S	S	S	S	S
自我实现的需求	W	W	M	M	S

本项目对云南省河口县桥头乡及南溪镇边境村民进行了随机抽样的实地调查,共作问卷60份,其调查情况如图4-8所示。

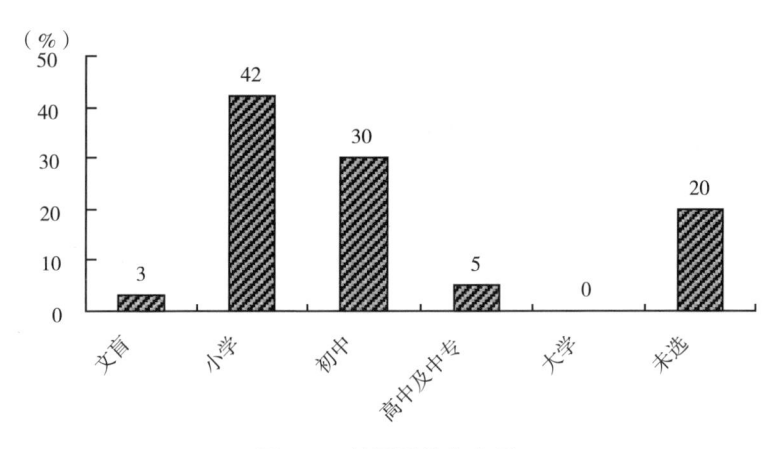

图4-8　村民受教育水平

从图4-8可以看出,小学及以下的文化程度的村民占了全村人的45%,初中占了30%,未选的占20%,高中及中专占了5%,大学为零。这也导致整个公共文化需求较强的主要是处于马斯洛层次里的前两个层次,对于后三个层次需求较弱,与假设基本相符。

(三) 村民不同收入水平对公共文化供给的需求

按照马斯洛的需求层次理论,公共文化消费作为一种典型的发展型、享受型、精神需求类消费,是属于需求层次里的较高层次需求,因此,村民收入越高,对公共文化的需求也越强烈。调查显示云南边境8个地州,从2006年的人均2250.5元,到2014年的6861元,增幅204.87%,年均增长25.61%;在国家和地方政府的扶持下,云南农村水、电、路等基础设施建设进一步加快。这些数据显示，云南农民收入正在快速增长。农村居民收入水平及其变化情况直接影响着社会物质文化需求的规模、结构与水平（金裕民等，2017）。在调查中发现，随着收入的增长，对于已经脱贫的大多数农村村民来说，公共文化的消费趋势与城市居民趋同，特别是云南边境农村的年青一代，已经不再满足当地的传统文化，他们比较向往城市里的文化消费方式。

案例：云南边境勐腊县尚勇镇公共文化供给及需求分析

当前，云南边境8个地州市公共文化供给渠道主要有图书馆、文化站、博物馆、艺术团及机构、电视、电话、电影和网络等。这些供给，主要是政府的财政投入，企业和民间投入较少，因此，供给渠道较为单一。为了深入了解农村情况，在勐腊县文化体育广播电视和旅游局部门的帮助下，本课题组深入勐腊县磨憨镇，根据 Taro Yamane（1967）提出的抽样公式：

$$n = \frac{N}{1+Ne^2} \qquad 公式1$$

其中：n 为本次调查样本总数，N 是磨憨镇总户数，2016年为4261户[①]，e 为采样误差，本研究中将采样误差定为5%。因此，

n=4261/（1+4261*0.0025）

n=366（份）

由于磨憨镇共有六个自然村，本项目组采用平均采样方式，每村选取61户进行入户调查。

结合勐腊县统计年鉴及勐腊县文化体育广播电视和旅游局提供的资料，在公共文化供给方面如表4-4所示。

表4-4　　　　　磨憨镇公共文化供给渠道

调查地点	渠道					
	有线电视户数占比	移动电话户数占比	图书馆（文化馆或农家书屋数）	艺术团及机构	电影	互联网
尚勇村	100%	99%	1	1	1—2次/年	无

---

① 数据来源：张文虎总编：《西双版纳年鉴（2016）》，云南出版集团、云南人民出版社。

续表

调查地点	渠道						
	有线电视户数占比	移动电话户数占比	图书馆（文化馆或农家书屋数）	艺术团及机构	电影	互联网
尚冈村	100%	94%	1	1	1—2次/年	无
曼庄村	100%	90%	1	1	1—2次/年	无
龙门村	100%	98%	1	1	1—2次/年	无
磨憨村	96%	96%	1	1	1—2次/年	无
磨龙村	100%	99%	1	1	1—2次/年	无

数据来源：勐腊县文化体育广播电视和旅游局，2016年。

从表4-4中可以发现，勐腊县磨憨镇农村公共文化供给渠道建设较为完备，基本公共文化设施已经建立起来。在调研中还发现，部分村民，特别是年轻人，已经开始上网，通过网络渠道，来获取相关信息和提升自己。

村民日常文化活动的有关调查数据如图4-9所示。

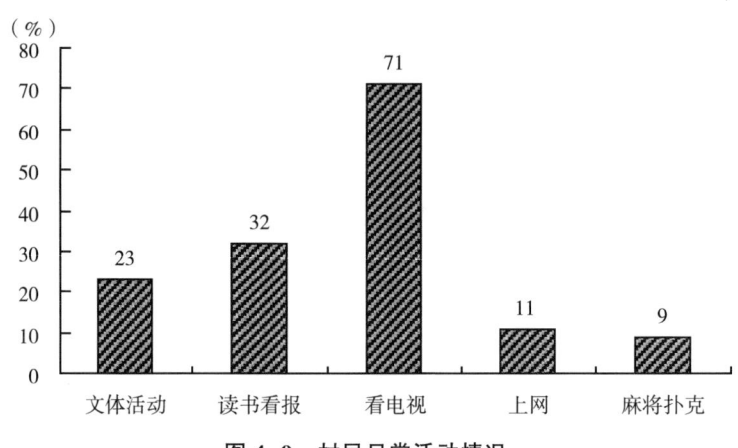

图4-9 村民日常活动情况

选择看电视的村民占71%，其次是读书看报占32%，民族特色的文体活动只占23%，上网占11%，9%的村民选择打麻将玩扑克。这组数据表明，大多数村民日常的文化活动就是在家里看看电视，文化体育活动开展不普遍，特别是还有将近一成的村民平时的文化活动是打麻将玩扑克，农村文化活动较少，质量水平不高。

农家书屋是农村公共文化服务体系建设的重要载体。这些村都建设了农村书屋，载体是有了，但使用率不高。对村民到农家书屋的情况调查结果如图4-10所示。

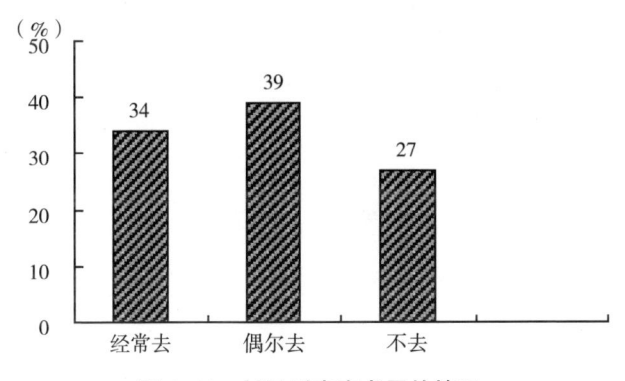

图4-10 村民到农家书屋的情况

从图4-10可以看出，即便只统计村民到农家书屋的情况，也只有34%的人经常去，39%的人偶尔会去，27%的人没去过。村民反映，农家书屋的书"看不懂""用不上"。主要原因有三：一是图书陈旧。更新不及时，与农村本地村民的需求脱节。二是管理服务不到位。由于缺乏资金和人员，部分农家书屋由村干部管理，村干部在时开放，不在时关门，没有形成固定的时间。农家书屋开放的时间主要集中在上午9：30—11：30，下午2：30—4：30，一天也就4个小时，这段时间对于大部分农民来说正是务农时间，根本无暇看书，而晚上书屋又不开放，导致很多农家书屋没人看，或想看没时间。三是部分村寨留守的主要是妇幼老弱病残人员，没有读书看报的习惯，很少看书学习。

当前，云南农村公共文化服务主要通过建设有线电视网络、博物馆、农家书屋、送戏下乡、电影、节日等载体等向农民传播及供给相关内容，这些内容主要包括马斯洛需求层次理论里的多个方面，主要包括衣食住行等生理方面的信息及内容；衣食住行等安全方面的信息及内容；电影、电视以及集体活动等与人交往以及得到认可及尊重的信息及内容；在实践中完成自我实现的信息及内容。此外由于是边境民族地区，因此，政府也积极引导当地村民举办具有地方特色的积极向上的民族节庆文化，满足不同民族对精神文化的需求。

在项目组对边境村民调研"哪类文化下乡活动最受欢迎？"时，调查问卷数据如图 4-11 所示。

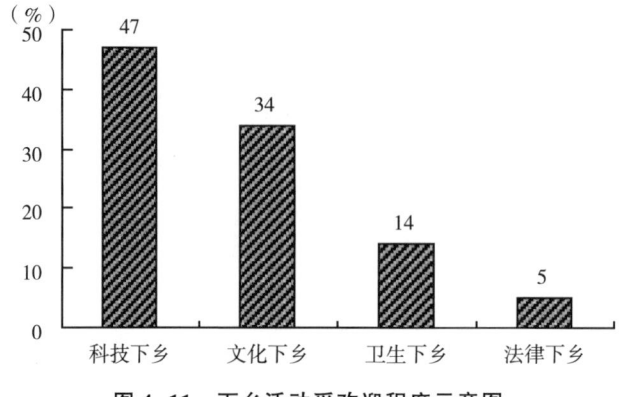

图 4-11 下乡活动受欢迎程度示意图

从图 4-11 可以看出，最受欢迎的是"科技下乡"，占 47%；其次是"文化下乡"，占 34%；"卫生下乡"占 14%；"法律下乡"占 5%。这表明农民群众对送文化下乡比较欢迎，也反映出农民群众具有农业实用技术、文艺演出等文化需求偏好。

本节小结

云南是全国世居少数民族最多、特有民族最多、跨境民族最多、自治民族最多、民族自治地方最多的省份，是祖国统一的多民族大家庭的一个缩影。云南的这些特定情况再加上边境民族的特殊性，在边境村民公共文化的供给与需求方面，具有以下三个特点：

（1）文化融合形成了云南边境村民公共文化的基本需求

云南边境民族地区多种文化共存，这些文化既有本地的少数民族文化，也有中原传进来的汉文化、佛教文化以及境外文化等。在这些文化中，汉文化在云南多极文化中起着黏合作用与核心作用，形成了汉族文化与本土民族文化、外来文化相容互渗、取长补短、密不可分的文化和谐。因此，在农村公共文化的建设中，既要考虑处于核心地位的汉文化，考虑中华民族共同信念、中国社会主义核心价值观文化，也要考虑多极化、多元性的各少数民族群众文化。这也要求云南边境农村公共文化的建设，需要站在治理的层面，加强对农村公共文化的制度和政策法规的建设，促进其发展。

（2）边境民族村民形成了特有的本地村民公共文化需求

云南边境民族地区的村民在相对集中的居住环境中，各民族形成了特有的生活方式、社会结构、历史传统、语言文字、风俗习惯、宗教信仰。社会的发展尽管会带来文化整合现象的发生，但极少数民族文化在历史的洗涤中得以保存和发展，进而形成了本地村民文化，而这些文化会成为本地村民公共文化需求的一部分。

（3）村民公共文化需求具有多样化

在云南边境农村，中原汉族文化、本地民族文化及农耕文化、东南亚文化交汇在一起，相互影响。在文化碰撞过程中，云南边境各民族文化根据自己的情况融合、吸收了上述三种文化，整合为一种个性鲜明的文化，这既区别于其他民族的文化，又与内地文化形成明显的差异。这种特殊的地理环境，使云南边境民族地区村民的文化环境呈现宽松与包容的情态，多宗教文化相互交叉、渗透，加剧了群众文化需求变异、更新的速度，公共文化需求呈现多样化。当然，由于边境民族农村村民受教育程度一般较低，容易受一些不良文化的影响。

对于云南边境民族地区，农村公共文化的供给需求方面，主要存在以下几个突出问题。

（1）供给与村民自身需求的耦合度不高

国家虽然发布了一系列农村基层公共文化产品及服务政策，但政府官员的公共文化建设及服务意识却还是停留在以"输血"方式为主的"送文化"下乡，忽略了各个县、乡（镇）和村的差异性，忽略了不同民族及个体的差异性。因此，各级政府组织的"送文化"下乡活动，表面上轰轰烈烈，但文化下乡队伍一走，基层乡镇和村落就再度复归到文化贫瘠的状态。因此，在文化下乡的政府服务中，要使"送文化"方式向"种文化"和"育文化"模式转轨（陈浩天，2014）。由于很多边境民族地区村民还处在贫困线附近，教育文化水平较低，因此，需求更多的是与经济互利性、休闲娱乐有关的通俗易懂的公共文化，但政府及相关部门提供的杂志、书本等大多是非通俗易懂的公共文化，供给与需求吻合度不高。

（2）优秀传统文化日渐消失

云南是一个少数民族众多的省份，众多民族所形成的和谐文化，不仅涵盖了以儒家、道家等为代表的中国传统主流文化，并通过少数民族古老的歌谣、神话、传说和民间故事体现在他们的日常行为、风俗习惯和礼仪礼节中，形成具有地方特色的诚实、孝道、自律、互助等优秀传统文化。近年来，边境民族农村地区由于受到一些外来文化的冲击，以及农村传统文化的边缘化及塌陷化，村民缺乏诚信、缺乏孝道现象时有发生，自律、互助等美德日渐消失，导致人与人之间关系急速货币化，一些村民高速膨胀后的物质财富追求和极速没落的精神空虚形成了巨大反差，这种反差导致这些村民追求享受，追求刺激，金钱至上。

（3）村民信仰危机开始出现

近年来，由于传统优秀文化的塌陷，村民在市场经济的浪潮中精神无以寄托，信仰危机开始出现，宗教的、封建迷信的、愚昧落后的思想、文化、观念开始在农村流行。由于云南人所具有的宽松与包容精神，云南的佛教、道教、伊斯兰教、基督教、天主教以及少数民族的一些原始宗教发展此伏彼起、相互影响、相互渗透，村民精神空虚，用麻将赌博消磨时间，信教规模出现不断扩大的趋势。部分边境地区由于生存条件恶劣、经济贫困，群众文化生活又相当缺乏，因此信教人数呈现较快增长的势头。

对此，在公共文化的供给上，应加强以下几方面工作：一是以需求为导向推进云南边境农村现代公共文化建设，采用"自下而上"的模式，满足农村公共文化需求，发挥好以文化人、以文育人、以文砺人、以文聚人的作用；二是将公共文化建设与乡村振兴、民族团结进步示范村、民族特色村寨、贫困地区扶贫开发建设等重大民生工程建设紧密结合，积极探索文化＋人居、文化＋科技、文化＋旅游、文化＋农业、文化＋生态、文化＋体育、文化＋教育、文化＋现代服务、文化＋养老、文化＋服饰、文化＋节庆日等扶贫模式，推进文化建设与特色产业协同发展；三是将公共文化与精神文化建设相结合，用社会主义核心价值观念改造旧的、不适应时代需要的文化。

第二节　广西边境民族地区城乡一体化进程中村民公共文化供给与需求现状

一　广西边境民族情况

广西是多民族聚居的自治区，世居有壮族、汉族、瑶族、苗族、侗族、仫佬族、毛南族、回族、京族、彝族、水族、仡佬族12个少数民族，边境地区的少数民族主要居住在凭祥市和东兴市。与凭祥接壤的越南谅山市以及与东兴接壤的越南芒街市主要有侬族、岱依族、京族、华族、赫蒙族等10个少数民族。同时，海上相连的马来西亚、新加坡、印度尼西亚、菲律宾、文莱等国家分别有马来族、爪哇族、吕宋族等。

广西跨境民族主要是京族。京族，也称为越族，民族语言为京语，由于语言因素复杂，语言学家难以确定其语言属系。京族主体在东南亚，中国境内的京族主要分布在广西壮族自治区防城港市，主要聚居在东兴市江平镇的沥尾、山心、巫头三个海岛上。这三岛素有"京族三岛"之称。京族是越南的主体民族，占越南总人口的86%。京族的宗教信仰为多神教，兼信道教、佛教，也有部分人信天主教。

二　广西城乡一体化进程

广西积极推进城乡一体化发展，2017年12月，出台了《广西壮族自治区人民政府办公厅关于印发西部大开发"十三五"规划广西实施方案的通知》，文件要求加强基本公共文化服务能力建设，促进基本公共文化服务标准化、均等化。进一步完善公共文化设施网络，实施不达标设施提档升级，提高公共数字文化供给和服务能力。统筹设立基层综合性文化服务中心。加强文物遗产保护，加快推进左江花山岩画文化景观保护和壮族文化生态保护区建设。支持"海上丝绸之路·北海史迹"、灵渠、侗族村寨、三江侗族村寨申报世界文化遗产，建设中越边境非物质文化遗产保护示范带。加强基层文化队伍的培养和扶持。完善公共文化服务，推进文化信息资源共享。加强农村电视维修服务网点建设，加快推进中央广播电视节目无线数字化覆盖，基本实现广播电视户户通。积极推进三网融合,大力发展交互式网络电视(IPTV)。加强基层公共体育设施和民族特色体育场所建设,积极开展群众性文化体育活动。2018年8月出台了《广西壮族自治区人民政府关于印发广西数字经济发展规划(2018—2025年)的通知》,文件要求推动数字文化创意产业集聚,重点支持数字内容的技术开发、企业集群与营销运营平台建设,围绕动漫、游戏、影视、互动娱乐等重点领域,培育一批具有影响力的企业和园区,打造覆盖研发、生产、出版、行销、译制、版权交易、融资等各个环节的产业生态体系。深入挖掘广西特色文化资源,推进红色历史文化、少数民族文化、山水旅游文化、滨海边境文化等文化内容数字化建设,创造具有桂风壮韵的数字文化创意产品和服务。推进基于大数据的智慧教育综合服务平台建设,加快发展面向革命老区、民族地区、边远地区的在线教育、网络教育等服务,推动优质数字教育资源建设和共享,构建形成智慧教育服务业生态圈,促进广西教育服务个性化、公平化发展。

广西在推进城乡一体化的进程中,主要存在以下几个问题:一是城乡经济发展差距悬殊;二是社会发展差距悬殊;三是政治发展差距悬殊;四是城乡协调发展失调。因此,有学者提出,广西城乡一体化发展应通过统筹协调,从经济、社会、政治等方面推进(韦廷柒、邹继业,2010)。

三 供给分析

(一) 广西边境民族地区农村公共文化建设现状

为了深入了解广西边境民族地区公共文化建设现状,需要对广西公共文化的供给情况有所了解。广西公共文化供给情况如表4-5所示。

表4-5　　　　　　　　公共文化供给情况

年份	公共图书馆建筑面积(万人/平方米)	公共图书馆建筑个数(个)	公共图书馆藏书(千册)	文化站机构数(个)	演出场次(万场)	电视覆盖率	互联网用户数(万户)	文化投入(亿元)	人均文化事业费(元)
2016	80.76	114	—	—	1.19	96.9	3961.35	41.2	19.93

续表

年份	公共图书馆建筑面积（万人/平方米）	公共图书馆建筑个数（个）	公共图书馆藏书（千册）	文化站机构数（个）	演出场次（万场）	电视覆盖率	互联网用户数（万户）	文化投入（亿元）	人均文化事业费（元）
2015	71.98	112	26062.69	1167	1.37	96.7	3521.63	35.91	17.22
2014	70.26	112	24815.19	1167	0.92	96.6	3186.51	30.39	14.45
2013	59.62	112	21098	1167	1.54	96.2	2762.30	27.89	13.16
2012	60.93	112	21267	1163	1.20	96.1	2721.80	25	11.71
2011	55.55	108	19965	1162	1.31	—	—	17.81	8.27
2010	55.82	108	18809	1139	1.58	95	1579.60	17.4	8.01

数据来源：《广西统计年鉴》（2017）（2016）。

从整体上看，十年来，广西地区的公共文化建设已经取得了巨大的进步，无论是公共图书、杂志、电视覆盖率等都有了较大的提高。

广西边境主要包括那坡县、靖西县、大新县、龙州县、凭祥市、宁明县、防城港市防城区、东兴市等八个边境县、市、区。2013年3月，广西启建了中越边境非物质文化遗产保护惠民富民示范带项目，旨在通过保护和传承非物质文化遗产、促进中越边民沟通交流的同时，加强示范旅游业、投资业的发展，提高边民的经济收入，满足边民的精神文化需求。根据《"美丽广西"乡村建设重大活动规划纲要（2013—2020）》，各级政府将通过加强建设农村公共文化基础设施，带动相关绿色、特色民族产业的发展，增加农民的收入，丰富农村群众的文化业余生活。

从广西发布的2014年的《广西文化改革发展报告》可以看出，截至2014年9月，广西壮族自治区已建成4079个村级公共服务中心，成立了文化志愿者分中心15个，支中心129个，服务站221个，服务点748个。应该说整个广西农村的公共文化服务体系已经建立起来。

很多边境村已经把公共文化服务中心建成贫困村开展思想道德教育、文化知识传播、文体娱乐活动、民俗文化传承、法治科普、致富技能培训的"大舞台"。很多地方的公共文化服务中心建设了农家书屋（含电子阅览室）、文化活动（教育、培训、书画、棋牌）室、文化信息资源共享工程室;每个贫困村组都建一支相对稳定、十人左右的民间自办文化社团,并配备乐器、服装等设备。部分村落还建设起村史或民俗文化展览室、表演戏台、电子商务平台、电影放映场(室),以及具有地方特色的其他文化设施。随着乡村振兴的不断推进,很多地方的公共文化及服务得到了极大的改变。

(二) 广西边境地区手机使用现状

近年来,手机成了村民接受公共文化和相关信息的主要渠道之一。近四年来,广西边境县市的手机拥有情况如图4-12所示。

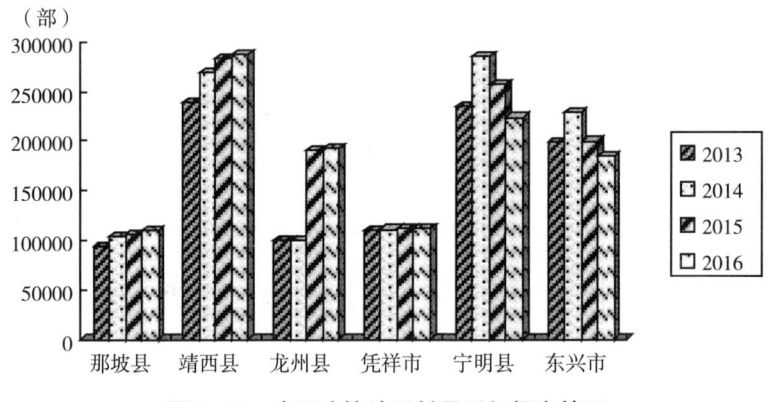

图4-12 广西边境地区村民手机拥有情况

从图4-12中可以看出,那坡县、靖西县、龙州县手机拥有量处于上升趋势,凭祥市、宁明县和东兴市手机拥有量已经处于饱和状态,手机拥有量在2014年达到最大值,随后有所下降。从图4-12中可以看出,这些地方手机拥有量较高,通过手机来获取相关公共文化的条件已经具备。

(三) 广西边境地区互联网接入情况

"互联网+公共文化"是解决广西边境民族地区公共文化供给与需求的一个重要手段。在网络建设方面,近四年来,边境六县市的互联网接入情况增加较快,详细情况见图4-13所示。

从图4-13中可以看出,广西边境地区近年来互联网接入有了很大进步,因此,很多村民开始使用网络来获取相关公共文化信息。

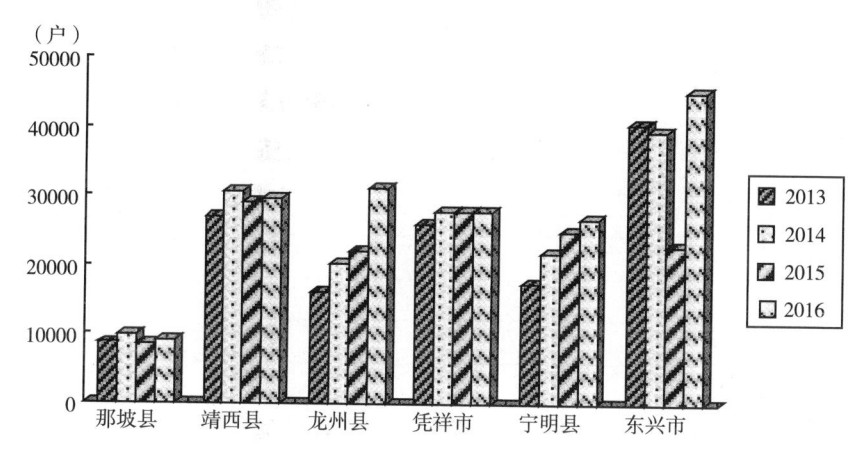

图 4-13　广西边境地区互联网接入情况

四　需求分析

(一) 广西边境民族地区收入状况

要了解需求情况，就需要了解其收入状况。广西边境六县的人均收入如图 4-14 所示。

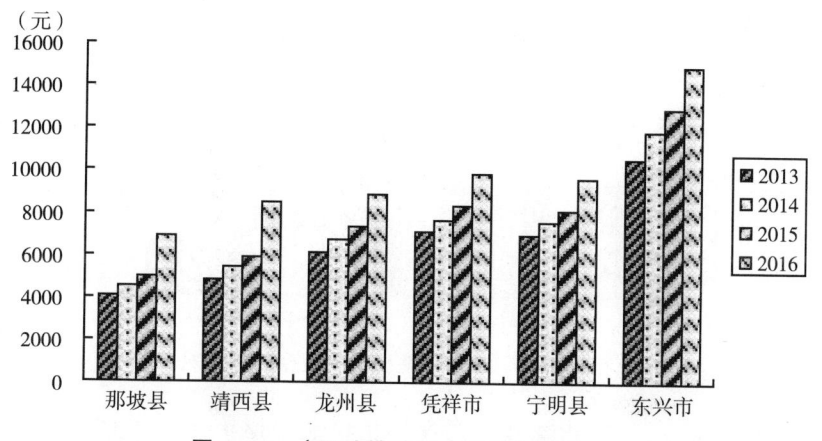

图 4-14　广西边境地区人均收入情况

从图 4-14 中可以看出，近年来，边境村民的收入有了很大的提高，这也导致村民对公共文化的需求不断增强。

(二) 广西边境民族地区农村村民教育文化娱乐支出情况

在村民教育文化娱乐支出方面，其支出从 2013 年开始，一直在增长，具体情况如图 4-15 所示。

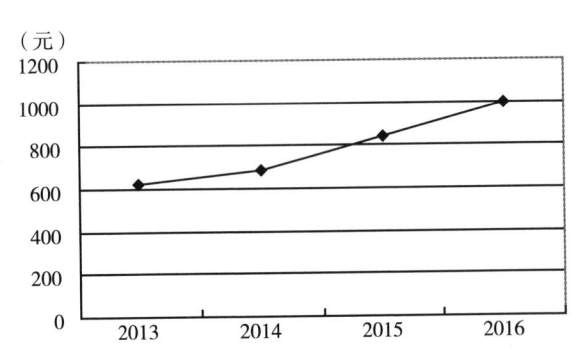

图 4-15　广西边境地区村民教育文化娱乐支出情况

从图 4-15 中可以看出，广西边境地区村民教育文化娱乐支出有了显著增长，这也表明村民对文化娱乐的需求有了新的增长。

（三）广西边境地区受教育情况

近年来，广西边境地区受教育情况有了很大改善，具体情况如图 4-16 所示。

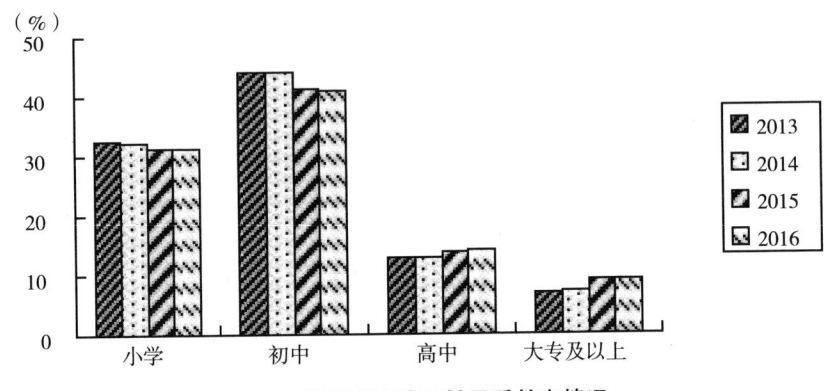

图 4-16　广西边境地区村民受教育情况

从图 4-16 中可以看出，广西边境民族地区近年来小学学历、初中学历的村民比例有所降低，高中、大专及以上的村民比例有了提高，这也表明广西边境民族农村受教育程度有所提升。

案例：广西边境地区东兴市村民公共文化供给及需求分析

为了深入了解东兴市村民公共文化供给及需求，本项目研究组对东兴市江平镇农村进行了走访及调查。选择江平镇主要是由于江平镇的万尾、巫头、山心三个村（岛）是京族在我国的唯一聚居地，在城乡一体化建设中，具有一定特色。

江平镇位于东兴市东部，南濒北部湾，北靠防城区，西接东兴镇。江平镇有海岸线38千米，全镇行政区域面积238.5平方千米。在江平镇600多年的历史进程中，中西文化得以完美交融。集京族文化、边关文化、海洋文化、长寿文化、岭南文化、天主教文化等多元文化于一体。有交东贝丘遗址——新石器时期古人类遗址；有国家级非物质文化遗产——京族哈节和京族独弦琴艺术，自治区级非物质文化遗产——京族民歌、京族鱼露及京族服饰制作技艺；有百年老街；有黄竹村古汉文化遗址。明代永乐年间，江平已是"边海疆贸易集散地"，发现、采撷"江平八景"（古寨烟霞、松亭鹤室、五指高峰、棋盘夜灯、同皮鼓潜、横江印岭、银坑瀑布、珠墩夜月境）相传至今。本研究主要调查了东兴镇的竹山村。东兴镇竹山村位于中国大陆海岸线最西南端的中越界河——北仑河的出海口，是中国大陆海岸线和陆地边界线的交汇点。江平镇文化广播电视站是服务于江平镇人民群众综合性的公共文化机构。办公地点位于江平镇政府后文化健身广场东侧，办公庭院占地面积750多平方米，现有办公综合楼一栋，建筑面积810多平方米。站内设有全国信息资源共享工程电脑室1间，内安装14台电脑，全部连接宽带网，供全镇广大人民群众免费查阅资料、咨询信息；设免费开放图书阅览室1间，内藏书5000多册，各种报纸杂志21类；有先锋音响一套、投影设备一套、专用车长安星卡1辆。活动场所有灯光篮球场2个，气排球场2个，羽毛球场2个，乒乓球桌2张。另建有电视信号发射中心一座，占地面积300多平方米，建筑面积400多平方米，设有电视信号发射中心机房1间。站内设有宣传长廊，宣传栏等宣传阵地，通过这个窗口向群众宣传计生知识、法制安全、文化公开等内容，文化氛围比较浓厚。

为了进一步探讨广西边境村民公共文化需求与供给，本研究从村民的基本情况、基础设施、邻国影响、提供的活动、参与的活动、村民对公共文化的态度六个层面进行调查和访谈研究。研究点选江平镇万尾、巫头、山心三个村，采用Taro Yamane方法进行抽样（见公式1），其中，N为1780户，e设定为0.05，n为326户。问卷采用现场发放的方式，总计发放326份问卷，实际回收326份问卷数据，样本回收率100%。

在村民基本情况方面，其中最大年龄为70岁，最小年龄为12岁，平均年龄是37.15岁；女性211人，男性105人，没填写性别的10人；文盲占3.21%，小学水平占17.43%，初中水平占41.28%，高中水平占15.14%，大专及以上的占22.94%；汉族占20.61%，壮族占19.30%，京族占16.67%，瑶族占6.14%，苗族占12.72%，彝族占6.58%，回族占5.26%，其他民族占12.9%。

在基础设施方面，有317户家里有电视，占97%；9户家里没有电视，占3%。其详细情况如图4-17所示。

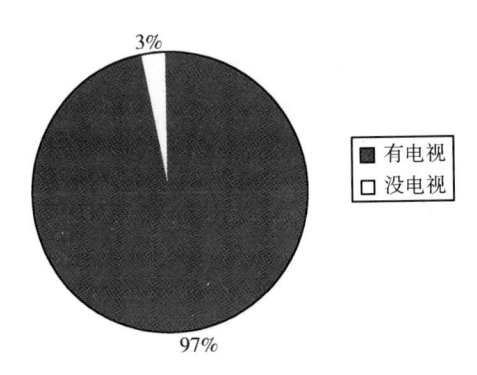

图4-17 广西边境村民电视拥有状况

从图4-17中可以看出，实际调查表明，在广西边境农村，村民拥有电视比例较高，能通过电视及时了解国家的大政方针及相关政策。

在"是否有文化广场相关设施"方面，284人认为有，占87%；43人认为没有，占13%。其详细情况如图4-18所示。

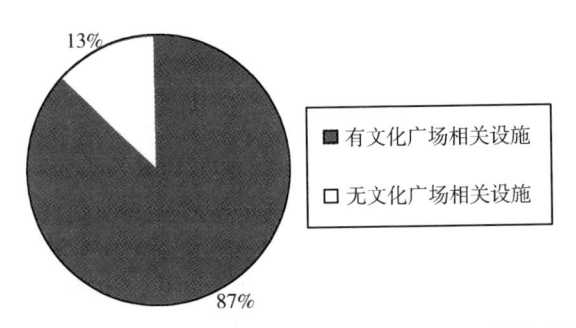

图4-18 广西边境农村村民对文化广场相关设施认识情况

在调查中发现,大部分村民都认为本村有文化广场,能进行健身和娱乐等活动,但很多音像设备以及相关器材破损后没经费更新。

在图书室或文化室方面,认为有文化室的有146人,占45%,认为没有的180人,占55%。其详细情况如图4-19所示。

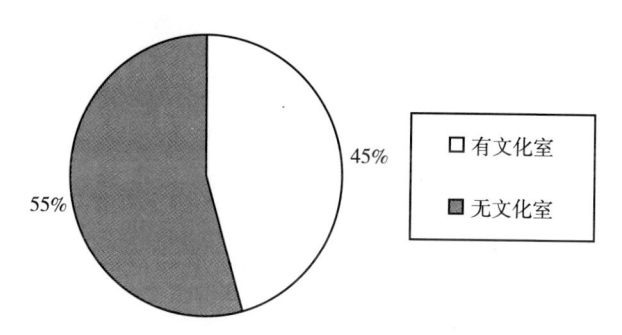

图4-19 广西边境农村村民对文化室的了解情况

从图4-19中可以看出,一半以上的广西边境农村村民认为没有文化室,这与实际情况有出入。进一步调查了解到,这主要是由于村民没有阅读习惯,不关注文化室的建设所导致的。

为了了解互联网的使用情况,研究调查了村民手机拥有情况。调查显示,238名被访者拥有手机,占73%;88人没有,占27%。具体情况如图4-20所示。

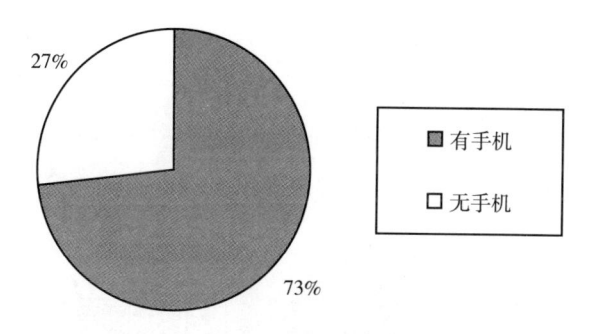

图4-20 广西边境农村村民手机拥有情况

从图4-20中可以看出,广西边境农村村民手机拥有率比较高,而且在调查中还发现,很多村民都能利用手机上网、玩游戏、了解信息等。

在跨境文化的影响方面,284名被调查村民认为"与国外近邻是否有文化上的交流"占87%,42人认为没有、占13%;64人认为经常和境外进行交流、占 20%，218 人认为偶尔进行交流、占 67%，42 人认为不交流、占 13%。具体情况如图 4-21 所示。

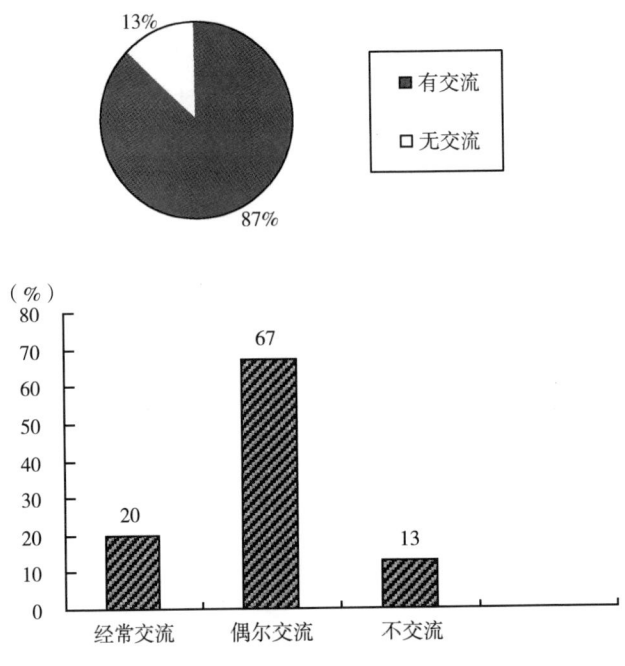

图 4-21　广西边境农村跨境文化交流情况

从图 4-21 中可以看出，广西边境跨境文化交流还是比较频繁的，特别是京族，因属于跨境民族，因此与外界交往较多，这也导致了受外来文化影响较大。

提供活动方面，有 218 名被调查者认为本村举办特色民族文化活动，占 67%；有 108 位认为不举办，占 33%，具体情况如图 4-22 所示。

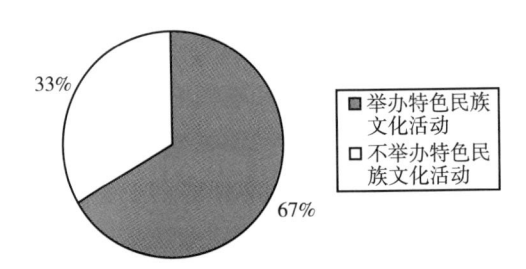

图 4-22　广西边境农村举办特色民族文化活动状况

从图 4-22 中可以看出，广西边境农村举办特色民族文化活动还是比较多的。在调查中发现，农村通过一些节庆日来举办特色民族文化活动，村民参与度较高。

在举办公共文化活动方面，198 人认为本村定期组织公共文化活动、占 60%，128 人认为不组织、占 40%；对于组织的公共文化活动，214 的人认为是自发组织、占 66%，112 人认为是单位组织、占 34%。具体情况如图 4-23 所示。

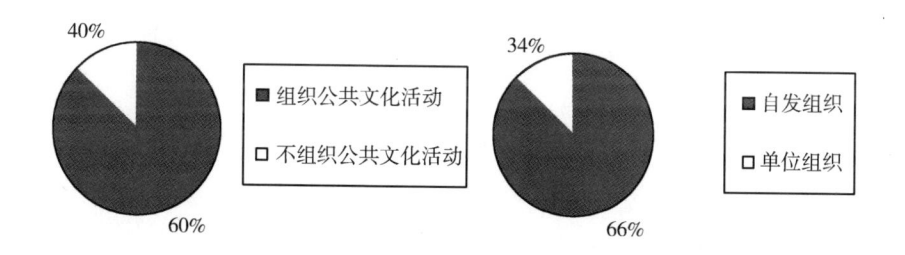

图 4-23　广西边境农村组织公共文化活动状况

参与活动方面，被调查者中有 156 人经常参加文化广场活动、占 48%，91 人偶尔参加、占 28%，79 人不参加、占 24%。详细情况如图 4-24 所示。

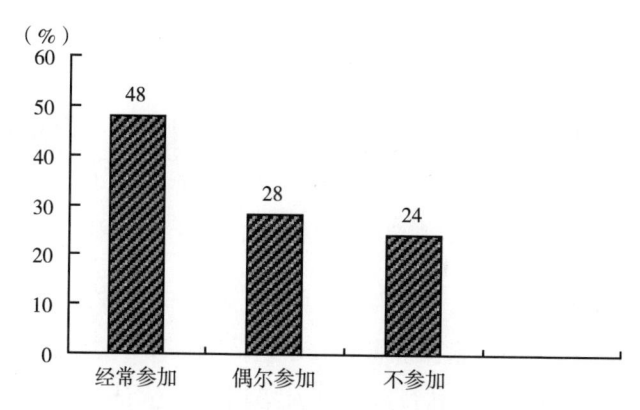

图 4-24　广西边境农村农民参与文化广场文化活动状况

在文化室方面，被调查者中有 56 人经常去文化室、占 17%，143 人偶尔去、占 44%，127 人没去过、占 39%。其详细情况如图 4-25 所示。

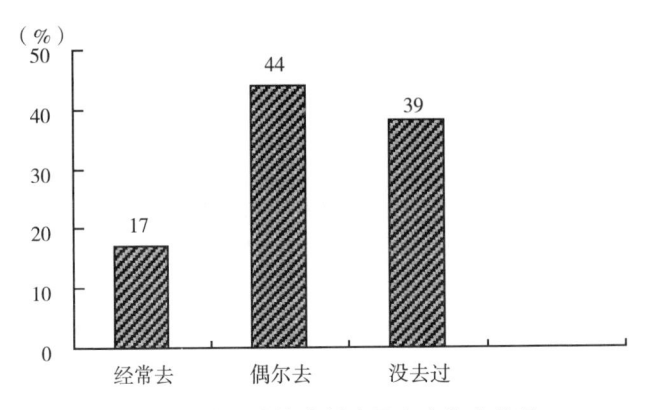

图 4-25 广西边境农村农民去文化室状况

业余时间从事的文化娱乐活动方面（多选），被调查者中 218 人选择看电视听广播，128 人选择看电影听戏，105 人选择跳广场舞及健身，33 人选择了读书看报。详细情况如图 4-26 所示。

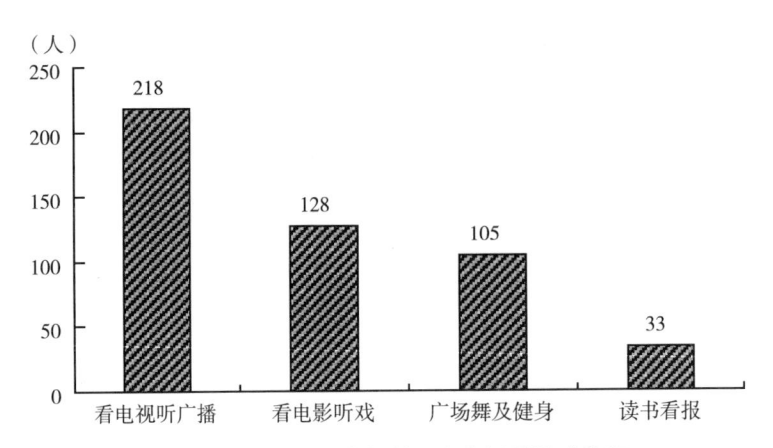

图 4-26 广西边境农村村民文化娱乐活动状况

在迫切需要的公共文化及服务方面（多选），被调查者中 208 人认为需要与致富相关的书籍及服务，156 人认为需要电影戏剧及相关影视设施，143 人认为需要文化广场设施及培训，13 人认为需要其他文化服务和活动，详细情况如图 4-27 所示。

在本地政府是否重视公共文化建设方面，64 人认为本地政府非常重视公共文化建设、占 20%，102 人认为比较重视、占 31%，116 人认为一般、占 36%，44 人认为不重视、占 13%。其详细情况如图 4-28 所示。

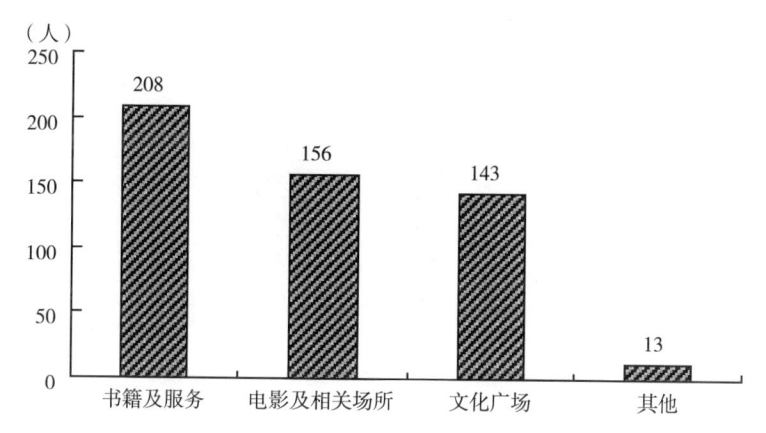

图 4-27 广西边境农村村民文化娱乐需求状况

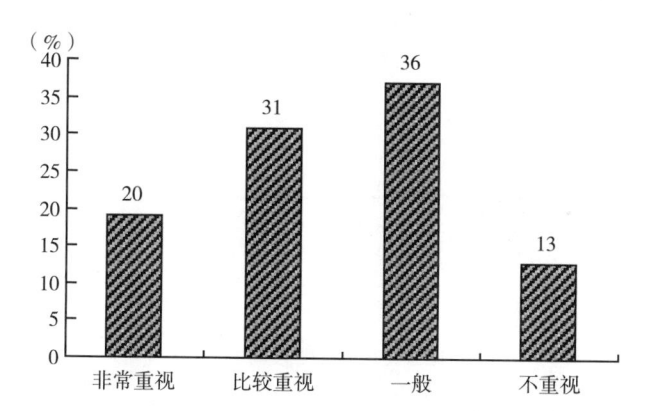

图 4-28 政府对广西边境农村公共文化建设的重视情况

在对周边公共文化设施是否满意方面,被调查者中 7 人对周边公共文化设施非常满意、占 2%,68 人比较满意、占 21%,145 人认为一般、占 44%,106 人不满意、占 33%。其详细情况如图 4-29 所示。

在参与本地公共文化方面,非常愿意参加本地的公共文化活动的有 92 人、占 28%,比较愿意有 173 人、占 53%,认为一般的有 48 人、占 15%,不愿的有 11 人、占 3%。详细情况见图 4-30。

本节小结

广西地处祖国南疆,有东兴、防城港、宁明、凭祥、龙州、大新、

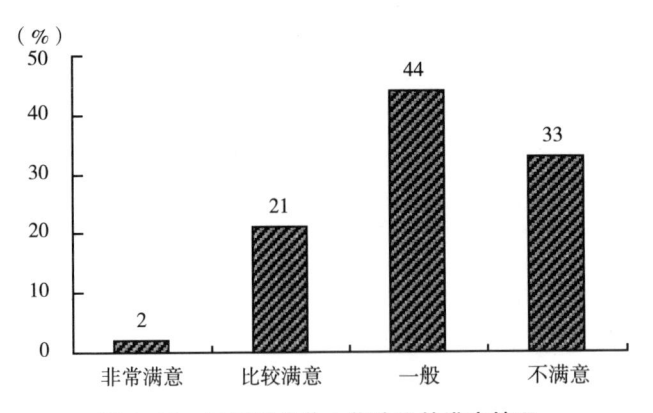

图 4-29 村民对公共文化建设的满意情况

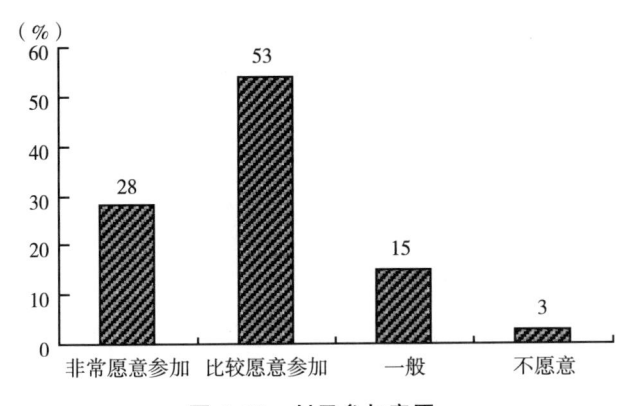

图 4-30 村民参与意愿

靖西、那坡 8 个边境县市与越南的广宁、谅山、高平三个边境省接壤，边境线长 637 千米。在广西这块面积为 1.8 万平方千米的土地上，生活着汉、壮、瑶、彝、京等 10 多个民族，其中，壮族人口占当地总人口的 80% 以上。与云南相比，广西边境虽然也有许多民族，但主要以壮族为主。近年来，广西边境农村的生活质量有了较大的提升，公共文化建设有了极大改善，但也还存在一些问题，主要体现在以下几个方面。

（1）部分基层领导对边境公共文化建设重视不够

由于历史及地理位置等原因，广西边境农村经济发展相对滞后。公共文化作为一个非生存的必需品，也不会引起一些边境基层领导的重视。虽然这些公共文化产品及服务是由政府买单，但由于不受重视，很多公共文化资源如图书、跳舞器材等被保存在仓库里。有些基层领导甚至认为公共文化建设就是看书、跳舞、唱歌之类的活动，搞不搞都一个样。这些理念造成了一些乡镇的农村公共文化建设处于停滞状态。

(2) 广西边境农村公共文化建设尚未适应农民的多元文化需求

当前，广西边境县市除完成"村村（屯）通广播电视工程"外，还兴建了多功能的县级文化馆、图书馆大楼等。边境乡镇也建起了宣传文化站、图书馆，边境村屯还建起了文化室、图书室或文化中心户。然而，边境农村公共文化建设依然没有适应农民文化需求，具体表现在：第一，文化下乡活动覆盖率低，广大边境农民依然缺乏文化活动。每年上级宣传、文化等部门组织开展的"三送"活动也就一到三次左右，而且只是下到有限的几个乡村。第二，广西边境农村文化活动频率低。广西边境农村的文化活动主要是重大节庆活动，其他类型较少。第三，在文化建设中农民参与程度低。政府采取文化下乡惠民工程多年，但是，这种自上而下、由外及内的"嵌入式"的理念，忽视了边境农村文化建设中农民的主体性，送文化下乡更多时候是政府为了完成一定的任务，至于"缺什么、送什么、怎么送"等问题，没有从边境农民的角度出发，没有考虑农民的需要、根据农民的实际、边境农村的实际，故激发不了边境农民在文化建设中的积极性、参与性。第四，植根于边境农村的民间文化缺乏政府引导而始终没有壮大发展（关秀献，2012）。因此，村民对公共文化的需求具有了多样性，当前的公共文化供给不能满足村民的需求，或者说当前公共文化的供给与村民的需求匹配度不高（任旭彬，2013），村民需要的主要还是通过文化广场活动和电影来进行休闲娱乐，对于读书看报等文化需求还没引导建立起来。此外，在民族文化的传承和开发方面，也需要进一步提升。

(3) 广西边境部分农村公共文化基础设施不适合村民的需求，利用率低

广西边境农村虽然建起图书室、电脑室，但很少有村民会去使用；一些爱好文艺的群众自发组织起文艺队，但因缺乏音响器材和设备，活动得不到正常开展；篮球场很少有群众打球，倒是成了农民的晒谷场，戏台也几乎没有演过戏，综合楼里的活动室也很少有群众光顾，只有乒乓球台偶尔有小朋友在打球。究其原因，在于边境农村青壮年基本都外

出务工，这些设施不适合留守的老年人，再加上没有专业的人员引导，管理也不到位，因此利用率很低。

(4) 经济利益冲击传统优良文化

广西边境经济水平低下，边民生活水平长期处于贫困状态，而与广西毗邻的珠江三角洲经济的持续繁荣、中国—东盟自贸区的建成，使得广西边民产生了经济落后的心理落差，脱贫致富的愿望强烈。在边境贸易逐渐频繁及巨大经济利益引诱下，广西边境地区犯罪现象频现，主要体现在几个方面：一是走私比较严重。走私的货物种类非常多，从越南本地产的树胶、原油、农产品到其他国家通过越南进入我国的冻鸡爪、冻牛肉。走私的方式及人员既有本地的也有外地的，人员构成非常复杂，链条极长。二是广西边境跨国贩卖妇女儿童的犯罪仍较多。三是贩毒越来越多。广西还因背靠世界知名的三大毒源地之一的"金三角"，面向广东、香港、澳门的大珠江三角洲地区，很快成为继云南之后的又一个毒品中转站。赌博、走私、贩毒、吸毒、贩卖妇女儿童等犯罪行为扭曲了边境地区的社会风气和边民的价值观，严重影响广西边境地区的和谐安稳，对边疆和国家的安稳造成了威胁。

(5) 异质文化介入带来的民族情感转变

近年来，随着广西边境居民经济收入的增长，一些传统的优良文化被广西边民抛弃，使其出现"断层"与"失根"。而越南服装、歌曲、影视作品则随着越南劳工的输入、赴越旅游人员的增加而为边民所喜爱。这些外来的文化一方面丰富了村民的生活，但另一方面也削弱着边境村民对本国文化的情感，消解村民的文化认同感。

(6) 民族文化瓦解引发的身份认知危机

由于受市场经济的冲击，国内民族文化的传承出现断层，而越南同族原生态文化保存较好，这就使得境内族人产生"向外"的心理。在龙州县金龙镇，与本地土话密切相关的山歌对唱不再时兴，而在越南一侧的山歌对唱则得到较好的传承，因此广西边民称赞越南歌手的嗓音、对歌技巧仍保持山歌的原生魅力，出现了广西边民以高价邀请越南歌手参演，甚至录制音像作品销售的现象。随着市场经济的发展，广西边境原生态的民族文化遭到新一轮的冲击，面临着被瓦解的危机，同时新生成的异质文化又使边民的身份认知产生危机（黄健毅，2016）。

根据存在的这些问题，在公共文化的建设上，应加强以下几方面的工作：

（1）确定政府在公共文化建设中的职责，加强考核和监督。应进一步确立政府在农村公共文化服务中的职责，确定其主导地位，通过资源的优化配置，加强考核和监督，统筹城乡发展。

（2）建立村民需求表达机制。当前，公共文化供求上，主要采用自上而下的政府决定方式。采用这样的方式需要政府作大量的、详尽的、及时的调查，这超出了政府的行政职能范围。因此，应建立村民需求表达机制，通过建立相关渠道，鼓励和引导村民正确表达对公共文化及服务的需求，政府及相关部门应及时了解和反馈村民的需求和意见。

（3）鼓励企业参与公共文化及服务供给。完善激励机制，鼓励企业参与农村公共文化及服务的供给，营造优秀的农村公共文化服务供给氛围。

（4）打造丝绸之路文化产业带。广西可以利用建设21世纪海上丝绸之路的契机积极推进公共文化建设，推进广西优秀文化的国际化。

（5）加强社会主义核心价值观建设，增加广西边境文化建设的文化自信。

（6）促进乡村振兴。根据马斯洛的需求层次理论，村民对公共文化需求与村民的收入情况有着密切的关系。公共文化作为一种高层次的需求，只有在生理需求、安全需求得到满足的基础上才会被考虑，因此，应促进乡村振兴，改进边境村民收入结构，增加村民收入，这样才能提升村民对公共文化的需求。

第三节　西藏边境民族地区村民公共文化供给与需求现状

一　西藏边境民族状况

西藏边境民族地区的村民主要是藏族。西藏主要是南边、西边与缅甸、印度、不丹、尼泊尔等国家接壤，边境线约有4000千米。西藏自治区主要以藏族为主体，藏、汗、蒙古、回、门巴、珞巴等多民族聚居。其中，藏族占区内总人口的92.2%。由于西藏地区在20世纪50年代前实行的是封建农奴制度，占人口不足5%的官家、贵族、上层僧侣三大领主占据了西藏绝大部分的资源；占人口95%以上的农奴，几乎没有自己的生产资料，不得不终身依附于三大领主。因此，在公共文化的供给和需求上，对于处于底层的农奴来说，是在考虑之外的。

中华人民共和国成立后，对于西藏，中央从战略全局的高度，确定"西藏是边疆民族工作的重点地区，是保证国家安全的重要前沿，具有特殊的战略地位。""西藏的工作在党和国家的全部工作中居于重要的战略地位"。西藏的稳定，涉及国家的稳定；西藏的发展，涉及国家的发展；西藏的安全，涉及国家的安全。西藏的发展繁荣与中央的特殊关怀和全国人民的大力支援密不可分。多年来，援藏人员积极投身于西藏的革命和建设事业。

二 西藏城乡一体化进程

西藏自治区发布的"西藏自治区新型城镇化规划"总结了西藏自治区近年来城镇化发展成绩，主要表现在城镇化水平稳步提高，1980—2013年，西藏城镇化率从15.5%提升到了23.7%；主要城镇规模不断扩大，全区城镇建成区面积达到了205平方千米；城镇综合承载能力不断提升，交通、能源、通信等基础设施日益完善，教育、医疗、文化和社会保障等公共服务供给能力显著提升。在城乡一体化方面，西藏实现了15年免费教育，实现城乡居民基本养老保险均等化。

在存在的主要问题方面，主要表现为农牧民劳动技能偏低、转移就业难度大；城镇空间布局相对分散，规模和结构不合理，全区120多万平方千米仅有140个城镇，城镇密度为1.2个/万平方千米，远低于全国20.7个/万平方千米的平均水平；城镇产业支撑能力弱，大部分城镇只有简单的住宿、餐饮服务功能，对资金、劳动和管理等生产要素集聚能力不强；城乡联系不紧密，城乡二元结构突出，城镇对农牧区经济社会发展的辐射带动制约因素较多，公共服务向农牧区延伸成本较高，推进城乡一体化难度大；城镇建成设施建设滞后，与城镇化发展要求差距甚远。在发展目标上，一是实现城镇化水平显著提高，进入加快发展的新阶段；二是城镇空间格局明显优化，主体功能布局基本形成；三是城镇产业支撑不断强化，就业吸纳能力明显增强；四是城镇功能不断增强，生活环境更加宜居；五是城镇发展模式科学合理，发展质量显著提高；六是城镇化发展体制机制更加完善，发展环境更加优化。

针对西藏城乡一体化发展中的问题，有学者提出以下对策：第一，合理调整经济布局，推动城乡经济一体化发展；第二，加大社会保障事业投入，构建城乡一体的社会保障体系；第三，加强生态环境保护与建设，建设良好的人居环境（胡洁，2015）。

三 供给分析

西藏地市、县、乡级开展基本公共文化及服务设施所需经费由中央和地方财政共同承担，其中，中央承担80%，地方财政占20%。为了维护西藏边境地区的稳定，边境村落的公共文化基础设施建设基本上由国家按照标准建设。

（一）公共文化资金投入情况

在文化事业费方面，西藏地区近三年的情况如表4-6所示。

表4-6　　　　　　　西藏公共文化建设资金投入情况

年份	文化事业费（亿元）	占财政支出（%）
2016	10.96	0.6
2015	9.65	0.6
2014	7.24	0.4

数据来源：中华人民共和国文化部：《2017文化发展统计分析报告》，中国统计出版社2017年版。

西藏公共文化建设充分发挥了政府公共财政的主导作用，文化事业费投入增长很快。2012、2013、2014、2015年人均事业费分别为88.09元、102.45元、160.06元、178.46元，由全国第四位、第三位，上升到第一位，为全国的3.59倍（欧阳雪梅，2016）。2016年，西藏全区文化事业费为10.96亿元，其中财政拨款109305万元，占全区文化事业费的99.46%，事业收入546万元，其他收入45万元，由此可以看出西藏全地区的文化投入基本是财政投入，其他方面的投入占比很小。

在边境地区，2016年部分公共文化建设的投入情况如表4-7所示。

表 4-7　　2016 年边境地区部分公共文化建设经费投入情况　　（单位：万元）

地区	表演活动	表演场馆	图书馆	群众文化服务机构	
				群艺馆	乡镇文化站
林芝地区	1556	-	1099	1155	1470
山南地区	2867	20	458	2526	2934
阿里地区	1194	-	184	800	335
日喀则地区	2590	186	348	1113	6580
占全部投入的百分比	7.5%	0.19%	1.91%	5.1%	10.32%

数据来源：中华人民共和国文化部：《2017 文化发展统计分析报告》，中国统计出版社 2017 年版。

从表 4-7 中可以看出，2016 年，西藏边境民族地区在乡镇文化站的建设上投入经费最多，其次是表演活动，群艺馆，图书馆，表演场馆。

（二）公共文化基础设施及服务机构建设现状

到 2015 年，西藏全区已建成群众艺术馆 8 座、公共图书馆 5 座、博物馆 4 座、自然科学博物馆 1 座。74 个县（市）都建设有民间艺术团和综合文化活动中心。大部分乡村都有综合文化活动场所和农家书屋。此外，考虑到西藏的特殊性，大部分寺庙也建设了书屋。超过 50% 的县有艺术团而且有排练场，建成 1600 余座文化广场，乡村业余文艺演出队达 2446 支。文化信息资源共享工程从区到乡镇、村基层点全面覆盖（欧阳雪梅，2016）。西藏地区公共文化相关基础设施及服务建设情况如表 4-8 所示。

表 4-8　　西藏公共文化相关基础设施及服务建设情况

年份	剧团文工团（个）	乌兰牧骑、文宣队（个）	艺术表演场所（个）	公共图书馆建筑个数（个）	公共图书馆藏书（万册）		文化站机构数（个）	群众艺术馆（个）	文化站（个）	电视覆盖率（%）
					汉	藏				
2016	10	75	14	81	—	—	692	8	74	96.32
2015	10	75	14	79	638	499	692	8	74	95.96
2014	10	75	14	78	640	509	690	8	74	95.91
2013	11	67	14	78	564	536	533	8	74	95.51

续表

年份	剧团文工团（个）	乌兰牧骑、文宣队（个）	艺术表演场所（个）	公共图书馆建筑个数（个）	公共图书馆藏书（万册）汉	公共图书馆藏书（万册）藏	文化站机构数（个）	群众艺术馆（个）	文化站（个）	电视覆盖率（%）
2012	10	52	20	4	757	512	239	8	73	94.51
2011	10	36	21	4	957	833	239	8	73	92.8
2010	10	19	21	4	977	469	239	8	74	91.41

数据来源：《西藏统计年鉴》2010—2017。

近年来，在西藏地区整个公共文化基础设施及服务建设中，变化最大的就是文化站机构数，图书馆机构数增长较快，其他变化不明显。

（三）群众文化建设

2016年，西藏全区举办展览1213次，组织文艺活动6921次，举办各类训练班2630班次，培训15.3万人。其情况如表4-9所示。

表4-9　　　　　　　　西藏群众文化建设情况

类别	举办展览次数（次）	组织文艺活动次数（次）	举办训练班班次（次）	培训人数（万次）
群众文化馆	240	1635	716	7.9
乡镇文化站	973	5286	1914	7.4
总计	1213	6921	2630	15.3

从表4-9可以看出，近年来，以乡镇文化站的名义举办的各种活动比较多。在农村开展的文艺演出方面，其详细情况如表4-10所示。

表4-10　　　　　　　　西藏文艺演出情况

年份	演出场次（万场）总数	演出场次（万场）农村	到农村演出场次比重（%）	观众人数（万人/次）
2016	0.5	0.4	80	390.7
2015	0.5	0.4	80	389.8
2014	0.5	0.3	60	410.7

由于国家高度重视西藏农村的稳定，因此到农村演出的占比较高。

四 需求分析

根据前文的分析,从个体来看,公共文化的需求主要与民族、年龄、教育、收入、互联网等有关。此外,需求一般通过村民的参与性表现出来。因此本书主要从收入、参与活动等方面来探讨西藏地区村民的公共文化需求。

(一)收入情况

西藏边境民族地区村民人均可支配收入如表 4-11 所示。

表 4-11 村民人均可支配收入 (单位:元)

年份	山南地区	日喀则地区	阿里地区	林芝地区
2016	9908	8135	8695	11812
2015	8991	7402	7903	10703
2014	6616	6717	7107	9582
2013	5900	6027	6391	8612

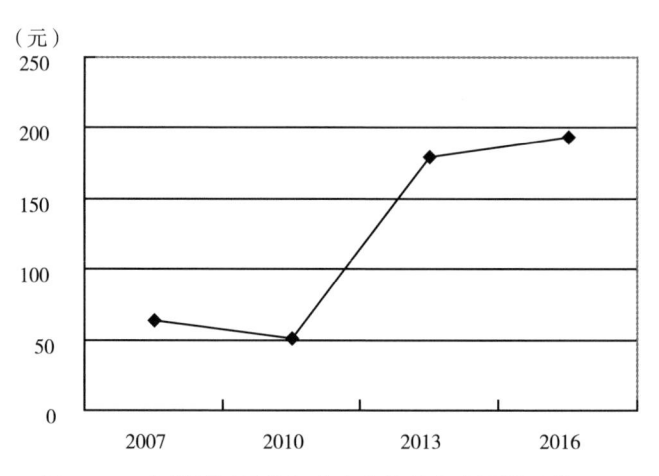

图 4-31 农村村民平均每人在文化教育方面的消费

从图 4-31 可以看出,西藏边境民族地区村民的收入有了明显的增长,而且文化花费近年来增长也比较快。随着收入的增长,对公共文化及服务的需求也增加,但由于深受藏传佛教的影响,很多村民特别是藏族,对藏传佛教相关知识和活动的需求较为强烈。如何更好地通过公共文化供给及其他方式，建设文化强区（李子，2014），提升村民文化需求层次，引导村民用社会主义核心价值观武装大脑，这是当前迫切需要解决的问题。

(二) 受教育情况

近年来，西藏地区的教育有了长足发展，小学和初中的升学率及平均每万人口中大中小学生构成情况，如表4-12所示。

表4-12　小学和初中的升学率及平均每万人口中大中小学生构成

年份	初中毕业生升学率	小学毕业生升学率	平均每万人口中大中小学生构成			
			大学生（人）	中专生（人）	中学生（人）	小学生（人）
2014	60	92.2	110	53	567	944
2015	61.9	84.9	106	49	542	929
2016	71.6	91.0	106	55	536	916

从表4-12可以看出，由于国家的大力扶持，西藏地区近年教育有了长足发展，但与东部中部相比，教育相对滞后，还有很大的差距。在调查的过程中发现边境地区农村少数民族上学读书意愿不强。

案例：亚东县公共文化的供给与需求分析

西藏地区边境主要包括山南地区的洛扎县、错那县、浪卡子县；日喀则地区的定结县、定日县、康马县、聂拉木县、吉隆县、亚东县、岗巴县、仲巴县、萨嘎县；阿里地区的日土县、札达县、噶尔县、普兰县；林芝地区的墨脱县、察隅县。考虑到亚东与印度、不丹毗邻，聂拉木县的樟木口岸是中国和尼泊尔之间进行政治、经济、文化交流的主要通道，是中国通向南亚次大陆最大的开放口岸，因此，本研究主要考察亚东。

2014年末，亚东县总人口1.34万人，其中少数民族人口1.13万人，占84.32%。境内居住有藏、回两个少数民族。2014年，亚东县农民人均纯收入6995.16元。

亚东自古以来是西藏与南亚诸国进行经济贸易与文化交流的重要通道。在漫长的历史发展中，在农民的劳作、人与人的交往中，在自然灾害面前，人们用诗歌、故事、神话传说等形式表达自己的心声。

藏戏，由藏传佛教噶举派僧人汤东杰布于14世纪末至15世纪初，根据西藏民间流传的对白剧和歌舞剧创作而成。开始为简单的说唱、表演，后经不断发展，到五世达赖喇嘛已使其成为一种以歌舞形式表现文学内容的综合性艺术。藏戏故事情节完整，唱腔优美多变，动作舒展优美，演员化妆简单，头戴面具，随锣钹鼓号节奏而舞。藏戏演唱中，其他演员适时和声帮腔。

藏戏分为四大流派，即昂仁的迥巴派、仁布的江嘎尔派、南木林的香巴派以及觉木隆派。藏戏中保留了大量早期宗教仪式和民间歌舞的内容。藏戏的代表有文成公主、智美更登、卓娃桑姆等。

在公共文化建设上，亚东努力建构平安安东。主要体现在强化各项维稳措施，落实"绿色边境·红色堡垒"工程，深入开展反分裂斗争。加强舆论引导，防控不良信息传播，筑牢反分裂斗争的思想基础。狠抓情报信息搜集和研判工作，落实军警民联防机制，重点加强通外山口和边境一线的管控，严厉打击非法出入境，着力构建反蚕食、反渗透、反分裂、反自焚斗争的钢铁长城。

亚东大力打造帕里镇民族团结示范点。通过开展"3·28"百万农奴纪念日活动，民族团结进步表彰大会，营造民族团结的好氛围。通过依法加强宗教事务管理，深化寺庙法制宣传教育，开展和谐寺庙创建活动，促进帕里镇民族团结示范点建设。亚东加强对流动从事宗教活动人员的管理和教育，加强佛事活动的审批与管理，加强宗教爱国力量建设，凝聚广大僧侣和信教群众的力量，共同推进亚东长治久安。

在调研的过程中发现，西藏地区农村很多地区的居民是藏民，大多数藏民信仰藏传佛教，因此对佛教文化需求比较多，对寺庙文化需求也比较多，如何引导和规范发展，这是一个值得思考的问题。

此外，由于边境地区，由于与印度及周边国家的关系，边境形势相对紧张，因此，对于西藏地区的农村来说，边境文化安全也是一个非常重要的需求。具体来说，主要是防止境内的"反宣渗透"，抵制有害文化，确保意识形态和国家文化安全。此外，由于藏区与尼泊尔等国家交往较为密切，文化往来及交流也较为频繁，因此，边境文化安全也面临着重要挑战。

第四章 西部边境民族地区城乡一体化进程中村民公共文化供给与需求现状分析

对于亚东的调研，一方面对上亚东乡、下亚东乡、帕里镇等进行问卷调查；另一方面，通过走访下司马镇，与公共文化相关人员座谈完成。

本次共调查男性94名，女性102名。本次调研，20岁以下占10.1%；20—35岁占9.2%；35—50岁占28.2%；50—65岁占36.8%；65岁以上为15.7%。调查主要在9：00—18：00进行，因此，被调查对象主要集中在中老年人。从学历分布来看，初中及以下人口占72.5%，高中及以上的占27.5%。由于主要是针对农村进行的调查，因此，学历较低，主要是初中以下为主。本次调查的对象主要是农牧民，由于亚东地理位置的特殊性，国家的边疆扶持新政策为当地经济发展注入了新鲜活力。亚东县的部分乡镇，通过整体搬迁，大部分农牧民住上了搬迁房，这些地方的文化广场及相关公共设施建设较为完善。但在一些农牧区，公共文化设施建设相对滞后。

在"您所在地主要提供哪些公共文化产品及服务"方面，158人认为主要有文化广场，占80%；21人认为主要有图书阅览室/农家书屋、村（社区）文化室，占11%；17人认为主要是棋牌室，占9%。具体情况如图4-32所示。

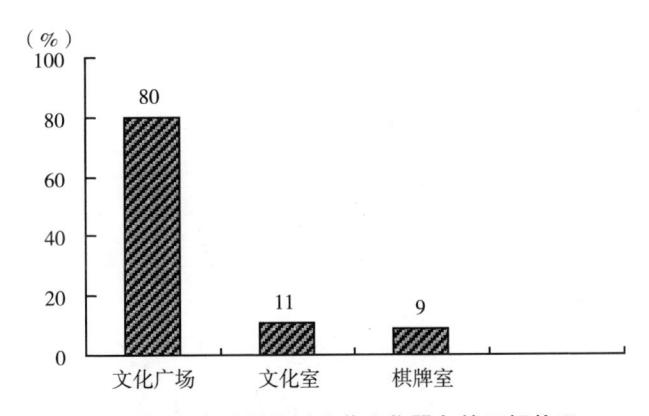

图4-32 亚东县村民对公共文化服务的了解状况

在"通过什么渠道获取公共文化产品及服务方面的信息（多选）"方面，88人是通过村两委/社区宣传栏，占所有参与选择人数的30%；145人是通过邻居朋友，占所有参与选择人数的49%；28人是通过网络，占所有参与选择人数的10%；21人是通过报纸、电视新闻媒体，占所有参与选择人数的 7%；13 人是通过其他方式，占所有参与选择人数的 4%。具体情况如图 4-33 所示。

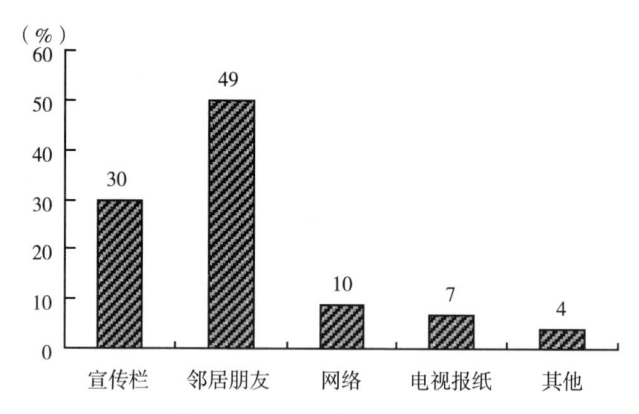

图 4-33 亚东县村民获取公共文化信息的渠道状况

当问及所在村是否有文化组织机构时，88 人回答"不清楚"，占 45%；64 人回答"有"，占 33%；44 人回答"无"，占 22%。具体情况如图 4-34 所示。

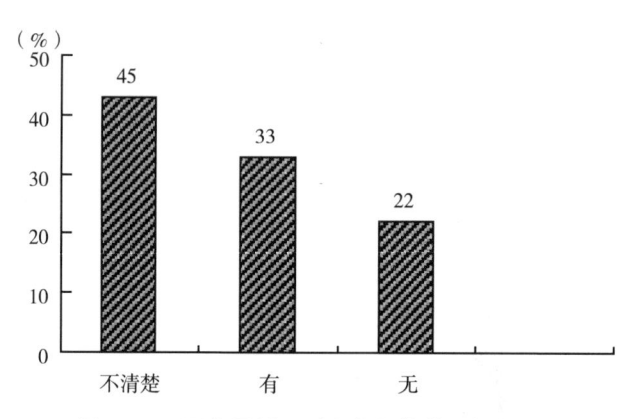

图 4-34 亚东县村民对文化机构的了解状况

在"您希望提供的公共文化产品及服务有哪些？（多选）"方面，90 人认为主要是本地特色文化，占总参与选择人数的 38%；87 人认为是文化广场，占总参与选择人数 37%；60 人认为是文化室，占总参与选择人数的 25%。其详细情况如图 4-35 所示。

在"您所在地是否开展过'双送活动'"方面，有 109 人认为有

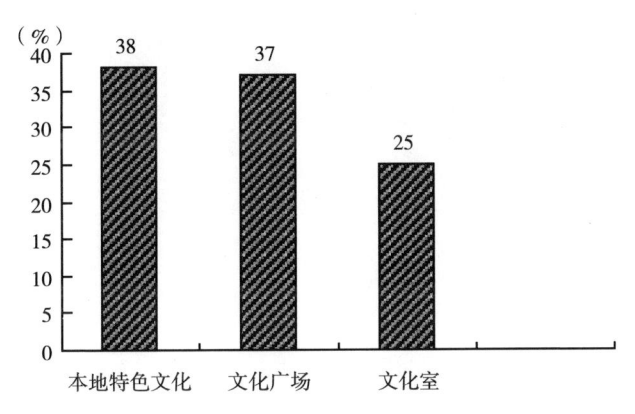

图 4-35 亚东县村民对公共文化设施的了解状况

此项活动，占 55%；33 人回答"没有"，占 17%；54 人"不清楚"占 28%。其详细情况如图 4-36 所示。

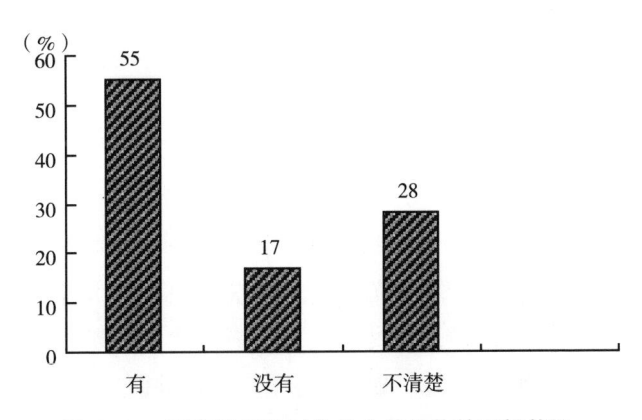

图 4-36 亚东县村民对公共文化机构的了解状况

在村民公共文化及活动的参与度意愿方面，愿意参加群众文化活动的 88 人，占 25%；愿意参加文体竞赛、科普文化宣传的都是 59 人，分别占 17%；愿意参加知识宣传讲座 43 人，占 12%；愿意参加专业技能培训 93 人，占 26%；愿意参加艺术鉴赏活动的 10 人，占 3%。其详细情况如图 4-37 所示。

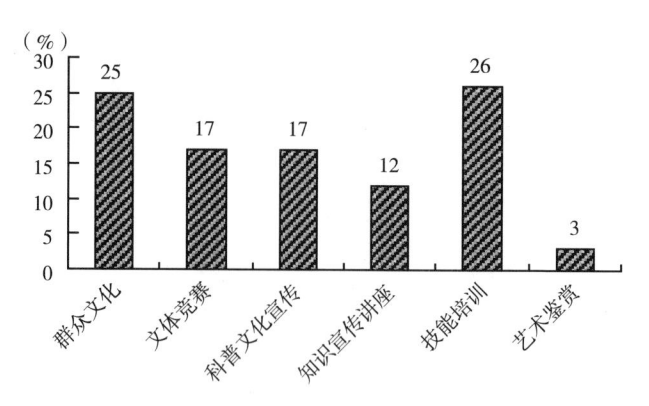

图 4-37 亚东县村民参与公共文化及活动的意愿状况

本节小结

西藏有边境县 21 个，边境乡 110 个，有 132 条对外的通道，5 个国家级口岸。随着精准扶贫、乡村振兴战略的推进，西藏边境地区经济社会也有了一定进步，但由于西藏边境地区地理区位、政治经济、民族宗教、社会情况、国外因素等的复杂性，导致其公共文化建设也具有以下一些特点：

（1）西藏边境民族地区农村公共文化需求具有地域特性

西藏边境地区的地域广阔，情况不尽相同，地域和经济发展具有非均衡性，因此，各地对于公共文化的需求是有一定差别的。地理位置较好的平原地区、气候较好氧气充足地区，或者距离城市近的农村，因为交通便利和生产条件较好，人民满足了温饱，就会更需要一些提高生活水平的公共文化。而偏远的、地处山区的、远离城市、交通不便、气候恶劣及经济发展较为缓慢的部分农村，村民还挣扎在温饱的边缘，还没能满足最基本的生理和安全需求，因此，他们主要是需要一些基本的公共文化服务来满足生存所需。

农牧业是西藏的主要经济发展来源，西藏总人口中有将近八成都是农牧民。而西藏边境地区各县工业环境普遍发育不良，城镇较少，较多的高原山地、峡谷、河流地形使得大部分边民都是农牧民，这部分劳动人口在农闲时期会从事其他职业，将其收入作为一部分经济来源，但他们的主要收入依然是来自于农牧业收入。但是其劳动所得的农牧产品大部分都被家庭消费掉了，产量很低仅仅够满足家庭生活所需，很少会有结余能作为商品出售。由于收入来源较为单一，因此，产业发展较为缓慢，因此脱贫工作面临较多挑战。对于以此为生且又构成西藏人口大多数的藏族居民来说，农牧业是一种生活方式，也是一种基本状态，因此，公共文化的需求也跟农牧业相关。

（2）西藏边境公共文化需求具有民族文化特性

西藏边境地区农村生活着藏族、珞巴族、门巴族、僜人和夏尔巴人等。由于历史、地理以及文化等因素，西藏边境农村地区的社会环境复杂多样。与汉族聚居区相比，西藏边境民族地区所需的公共文化内容有很大的差异性和特殊性，主要表现在以下几个方面：第一，西藏边境地区公共文化的供给需要通过本民族语言提供。西藏边境地区农牧地区，很多老人听不懂汉语，不会讲汉话。边境地方政府在提供基本公共文化服务时，需要用当地语言文字。第二，西藏边境民族有各自的历史文化、风俗传统，他们对很多公共文化的需求和汉族不同，带有藏传佛教的鲜明民族特色。

（3）公共文化需求的宗教特性

在西藏边境农村，宗教信仰几乎遍布全员，特别是原住藏民，宗教氛围非常浓厚。特别是一些受教育程度较低的藏民，宗教活动成了他们精神的寄托，通过宗教他们才能消除恐惧和焦虑，在现世中寻到自己的意义，也能让他们更安于自身的状态，得到满足（关冰洁，2015）。因此，在西藏边境民族地区，公共文化的建设如何与宗教改革同步推进，如何提升村民的教育水平，促进社会主义核心价值观的发展，是需要解决的问题。

（4）村民缺乏公共文化需求表达能力

西藏边境地区村民大多生活在偏远地区。这些地区环境恶劣，生产方式落后，村民受教育水平低，大多数受藏传佛教影响较深，其思想也较为封闭落后原始。大部分村民对于公共事务不会主动积极参与，缺乏需求表达意识，是一种被动接受的心理状态。虽然政府建设了较多的公共文化基础设施，并提供了较多的公共文化服务，但大部分村民缺乏对公共文化的认识，也缺乏需求意识，因此，很多公共文化设施及服务并没有真正发挥其作用。此外，由于西藏边境乡、村一般都处于偏远山区，交通不便，地广人稀，信息化基础设施较为薄弱，互联网普及率较低，边境村民受教育程度也很低，并不具备获取信息的主动性。村民的生活基本还处于原始状态，基本信息交流的缺少，基础设施的不配套以及心理意识的难以转变和素质水平的局限，使西藏边境民众的公共文化基础设施及服务的需求不能很好表达，这也对政府的供给提出了挑战。

（5）公共文化成本相对较高

西藏边境乡、村大多地理位置偏僻，山区环境恶劣、地广人稀，灾害多发，交通不便，在这些条件下，西藏边境地方政府在提供公共文化和服务时需要投入更多的成本。与其他地方相比，西藏边境地区政府在提供公共文化时要承担更大的困难和更多的复杂性，主要体现在以下三点：第一，西藏边境地区乡村地广人稀，而且流动性较强，部分牧民常年处于游牧状态，经常变动居所，这使得当地政府在提供公共文化及服务时，成本较大。第二，西藏边境地区乡村地理区域辽阔，这对公共文化服务提供者来说，不仅要克服交通不便的问题，还要克服恶劣气候对实施服务的影响，这些都会造成人员开销的增大。第三，西藏边境地区贫困严重，村民收入单一，贫困人口较多，流动性大，基础设施难以建设。

总体来看，西藏边境民族地区由于特殊的地理位置、宗教、历史、受教育程度等因素的影响，西藏边境村民整体的文化心理呈内向型的闭合态势。在面对现代价值理念、接受新的知识体系时难免存有排斥性，产生文化上的误读，形成"文化错层"（项江涛，2016）。这种"文化错层"，影响着西藏地区经济、社会跨越式发展，对我国的文化安全也有着重要的影响。因此，要提升我国西藏地区文化软实力，维护我国文化安全，应对国内外敌对分裂势力的文化颠覆与渗透，需要加强公共文化建设。

在西藏，一些与落后的经济、社会生产生活方式相对应的消极的思想观念，还以民族特色的名义盘踞于一些群体甚至是西藏民族文化思想的深处。如封建农奴思想、封建迷信思想等。这些思想还在禁锢、钳制着西藏民众现代意识与科学理性的萌发。要弥合这种"文化错层"或断层，在公共文化建设领域须从以下几个维度着力：首先，要通过更新扩大藏区民众的知识体系与认知面，解放其思想，培养其文化自知与自觉，树立起现代人文精神与价值追求；在文化思想与价值观的建设上，要把弘扬社会主义核心价值观作为西藏文化教育体系与现代公共文化服务体系构建的核心内容。其次，在文化认同上，要加大各民族与藏区人民的互动与交流，以消解或摆脱藏区相对封闭的文化生态环境对思想意识的惯性固化。通过提升西藏民众文化素养，唤醒其文化的自知与自觉，使其认识到民族文化认同与中华民族文化认同的同一性。

总之，对于西藏边境民族地区，特别是一些农村地区，要加快构建均等化、标准化的现代公共文化服务体系，提升村民的受教育水平，以现代先进的知识文化体系与价值观念填补藏区的"文化错层"，构建起文化认知的均衡性，在保护、发展西藏优秀的民族文化的同时，也使得西藏文化的整合与转型有更好的预期。

第四节　新疆边境民族地区村民公共文化供给与需求现状

一　新疆跨境民族情况

新疆地区的跨境民族主要有八个，即哈萨克族、柯尔克孜族、塔吉克族、俄罗斯族、塔塔尔族、乌孜别克族、维吾尔族和汉族。这些民族大多信仰伊斯兰教。边境地区主要是哈密地区、和田市、阿克苏市、喀什市、克孜勒苏柯尔克孜自治州、昌吉回族自治州、博尔塔拉蒙古自治州。

二　新疆城乡一体化进程

新疆维吾尔自治区位于中国西北地区，是中国面积最大的省级行政区。总体上看，新疆城乡发展具有以下一些特点：一是地区经济发展不平衡，省会城市的生产总值远远超过其他地州；二是地区经济的区域性比较明显，由于历史及地理位置等原因，经济发展水平呈现北疆明显高于南疆的现象；三是城市的地域分布不协调，北疆地区城市数量多，南疆地区城市数量少；四是城镇结构不完整，除了乌鲁木齐人口上百万外，其他地区城市的人口大多都在20万—50万，而且北疆城镇的基础设施相对完整和完善，南疆的很多地区城镇的基础设施落后而且缺失很严重（崔凤，2013）。从城乡发展差距看新疆全面推进城乡一体化还需较长时间。

三 供给分析

（一）公共文化及服务基础设施建设现状

截至2016年底，新疆已建成乡镇文化站1021个、各类艺术表演团体131个（含非公有制企业）、艺术展览创作机构55个，南疆喀什、和田、克州三地4151个行政村（社区）文化室覆盖建成，其他地州通过自筹建设、资源整合等方式有效推进村级（社区）文化室建设，区、地、县、乡、村五级公共文化服务网络基本建成（弓朵阳，2018）。具体情况如表4-13所示。

表4-13　　　　　公共文化及服务基础设施建设现状　　　　（单位：个）

年份	文化站	艺术表演团体 （含非公有制企业）	艺术展览机构
2016	1020	131	55
2015	1021	132	50
2014	1021	138	42

数据来源：中华人民共和国文化部：《文化发展统计分析报告》2017年、2016年、2015年，中国统计出版社。

由表4-13可以看出，2014—2016年，新疆的乡镇文化站减少了一个，其他地州文化室基本建成，并保持在稳定状态；艺术表演团体个数有所下降，艺术展览机构有所增加。

（二）文化经费投入情况

近年来，新疆文化部门经费投入情况如表4-14所示。

表4-14　　　　　　　新疆文化经费投入情况

年份	经费总投入 （亿元）	群众文化经费 （亿元）	人均文化事业费 （元）
2016	30.8	5.09	69.04
2015	27.4	5.21	67.84

续表

年份	经费总投入（亿元）	群众文化经费（亿元）	人均文化事业费（元）
2014	23.7	4.28	——

数据来源：中华人民共和国文化部：《文化发展统计分析报告》2017年、2016年、2015年，中国统计出版社。

从表4-14中可以看出，近三年来，新疆在文化经费、群众文化经费及人均文化事业费投入方面都有了极大提高，使得公共文化的供给有了坚实的基础。

（三）人才建设及培养

近年来，新疆公共文化人才培养及培训如表4-15所示。

表4-15　　　　　新疆文化人才培养及培训　　　　（单位：人）

年份	从业人员	专业技术人才	正高职称	副高职称	中职职称
2016	34531	8081	170	764	2207
2015	33599	7813	154	748	2134
2014	32263	7786	150	693	2002

数据来源：中华人民共和国文化部：《文化发展统计分析报告》2017年、2016年、2015年，中国统计出版社。

（四）服务能力建设现状

新疆维吾尔自治区围绕"访惠聚"和"去极端化"工作部署，大力提升公共文化服务活动能力，近年开展的活动如表4-16所示。

表4-16　　　　　　新疆公共文化供给情况

年份	组织节庆活动（次）	提供文化服务（次）	服务惠及人次（万人次）
2015	166	78112	1864
2014	154	57474	1429
2013	129	46669	1324

数据来源：中华人民共和国文化部：《文化发展统计分析报告》2017年、2016年、2015年，中国统计出版社。

四 需求分析

(一) 边境地区村民人均可支配收入情况

收入情况影响着村民的公共文化需求,新疆边境地区村民的人均可支配收入如表4-17所示。

表4-17　　　　新疆边境民族地区村民人均可支配收入情况　　　（单位：元）

年份	和田	阿克苏	喀什	克孜勒苏	昌吉	哈密地区	博尔塔拉	伊犁	塔城	阿勒泰
2015	6346	9831	7201	5434	15633	12951	13127	10591	13583	9377
2014	5692	9095	6419	4852	14818	11651	12326	9825	12766	8403
2013	4951	7875	5393	3857	13014	9908	10636	8503	11096	7267
2012	4260	6891	4708	3081	11470	8389	9434	7450	9896	6243

从表4-17可以看出,北疆和南疆经济收入差距也较大。北疆的昌吉、塔城、哈密、伊犁等地的收入远远高于南疆的和田、克孜勒苏等地。由于收入差距较大,南疆文化相对于北疆而言,更为保守、封闭,传统文化与宗教色彩浓厚。南疆村民日常生活容易受到民族传统与宗教的双重约束(孔维萍、吴艳华,2007)。

在教育文化娱乐消费支出方面,其详细情况如图4-38所示。

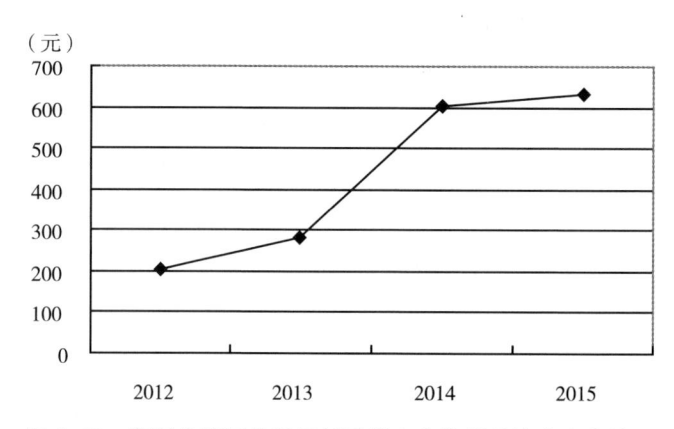

图4-38　新疆边境民族地区村民教育文化娱乐消费支出情况

从图 4-38 中可以看出，近年来，新疆边境民族地区村民教育文化娱乐消费支出增长较快，这也表明，村民对文化及公共文化的需求增加。

（二）网络建设情况

网络作为影响村民公共文化需求的一个重要因素，其发展情况如图 4-39 所示。

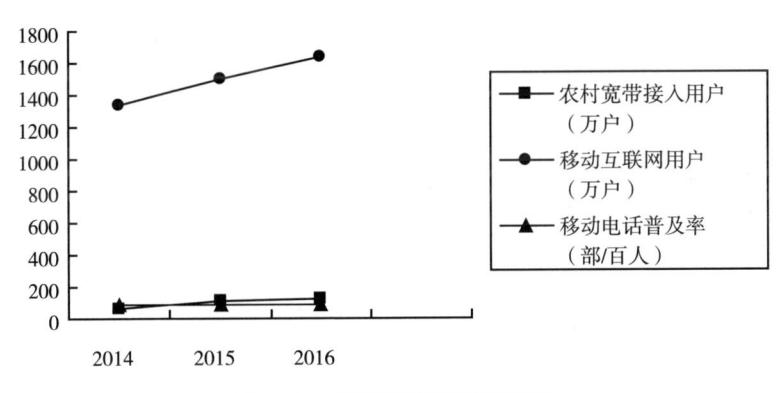

图 4-39　新疆互联网发展情况

从图 4-39 中可以看出，新疆移动电话普及率较高，移动互联网用户、农村宽带计入用户都增长较快，通过网络获取信息成为村民一个有效的方式。

案例：塔什库尔干塔吉克自治县公共文化供给及需求分析

近年来，新疆在公共文化基础设施建设上坚持重心下移，向深度贫困地区倾斜。据统计，2015 年以来，仅南疆四地州基本文化设施设备投入近 1 亿元。通过实施"村级文化室专项设备"和"贫困地区公共文化数字服务提档升级"项目，新疆覆盖区、地、县、乡、村五级的公共文化服务体系已基本形成。

塔什库尔干塔吉克自治县位于新疆维吾尔自治区西南部，西北、西南、南分别与塔吉克斯坦、阿富汗、巴基斯坦三国相连，东南和东部与叶城、莎车县相连，北与阿克陶县相连。总面积 24088.82 平方千米。有塔吉克、柯尔克孜、维吾尔、汉、回等民族。全县辖塔什库尔干镇、塔吉克阿巴提镇 2 个镇，塔什库尔干、塔合曼、科克亚尔柯尔克孜族、提孜那甫、达布达尔、马尔洋、瓦恰、班迪尔、库科西鲁格、大同、布伦木沙11个乡。县境内有中巴红其拉甫口岸、中塔卡拉苏口岸和中阿口岸。截至2013年末，全县共有人口3.9万人，其中塔吉克族人口占80.9%。塔什库尔干县各村落分布分散，交通很不便利，本研究选取了塔县最大的乡——塔干乡作为重点调查的对象。塔什库尔干乡下辖村瓦尔希迭村、托格伦夏村、库孜滚村、萨热吉勒尕村、色日克塔什村5个行政村，共有清真寺3座。

（1）对塔什库尔干塔吉克县公共文化服务调查问卷分析

本次调查共发放问卷200份，回收195份，回收率97.5%，有效问卷193份，占回收问卷总数的98.97%。本次调查问卷16岁以下共49人，占25.39%；17—25岁共26人，占13.47%；26—35岁共38人，占19.69%；36—45岁共39人，占20.21%；46—65岁共37人，占19.17%；65岁共4人，占2.07%。在学历方面，初中及以下占81.58%，高中及以上占18.42%。

（2）村民对公共文化的需求及参与情况

在附近是否有公共文化设施方面，109位村民认为"有"，占56%；84位村民认为"没有"，占44%。如图4-40所示。

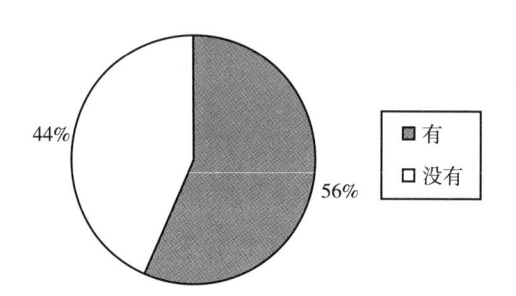

图4-40 村民对公共文化设施的认知状况

从图4-40中可以看出，有将近一半的村民认为附近没有公共文化基础设施，村民对公共文化基础设施的认识和了解程度较低。

在是否组织公共文化活动方面，151位村民认为组织公共文化活动，占78%；42位认为没有组织公共文化活动，占22%。其情况如图4-41所示。

在公共文化活动喜好方面（多选），166人喜欢看电影，占34%；

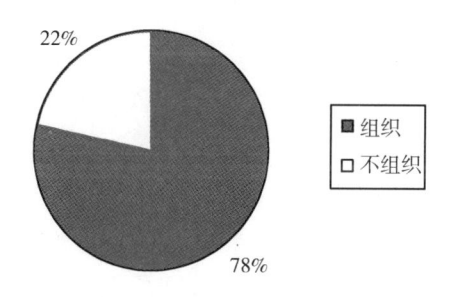

图 4-41 农村组织公共文化活动状况

186 人喜欢参加民族特色文化活动，占 39%；87 人喜欢参加广场舞锻炼身体，占 18%；45 人喜欢到农家书屋看书，占 9%。其详细情况如图 4-42 所示。

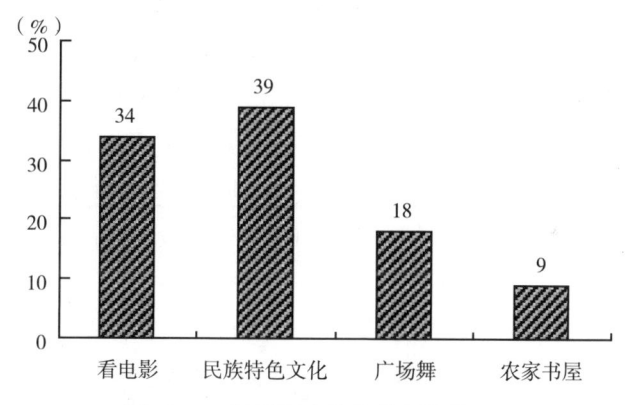

图 4-42 村民喜欢的公共文化状况

从图 4-42 中可以看出，村民最喜欢的活动是参加本民族的特色文化活动，其次是看电影，再次是广场舞，最后是去农家书屋读书。

本节小结

新疆有着非常特殊的地理位置，地处亚欧大陆桥的腹地，与周边哈萨克斯坦、塔吉克斯坦、巴基斯坦等 8 个国家相邻，是亚洲和欧洲经济文化交流的桥梁，是中国文化、印度文化、欧美文化和伊斯兰文化的交汇地。新疆地域广阔，既有一望无垠的沙漠，又有着广阔的绿洲，独特的气候条件造就了新疆独特的农耕文化和草原游牧文化。新疆作为"丝绸之路"的重要通道，是东西方文化交流的中心和国际商贸最重要的聚集地。

与云南和广西相比，新疆由于交通较为闭塞，经济发展相对滞后，而且由于信息闭塞，村民整体文化素质不高，基础设施建设也相对滞后。新疆宗教氛围较浓，极端化思想严重。据统计，全区清真寺等宗教场所已达2.37万座，是农村基层文化设施的5—8倍。宗教场所与文化阵地形成一热一冷、一强一弱的局面，已经严重影响到了新疆农村基层的先进文化影响力和文化安全。尤其是南疆三地州（和田、喀什、克孜勒苏）文化建设方面形势较为严峻。在农牧区的文化阵地争夺战中，缺乏抵御民族分裂势力和非法宗教活动的渗透的力量，缺乏团结吸引群众的方法和能力（姚文遐，2012）。

新疆民族地区农村具有地域性、民族性、复杂性、多元性等特点。地域性主要是新疆民族地区的农村交通相对闭塞，从而造成农村公共文化建设地域性较强，本地传统文化与宗教色彩浓厚，人们日常生活容易受到民族传统与宗教的双重约束。民族性是指新疆是一个以维吾尔族为主体的多民族聚居区，在建设公共文化时必须考虑如何挖掘、利用、治理少数民族的传统文化与汉民族文化融合发展的问题。增强少数民族文化与汉民族文化的相互认同，为构建新疆和谐社会起到长效的促进作用。复杂性是指相对于内地省份而言，新疆的民族关系复杂、宗教文化氛围浓厚并与社会稳定问题交织在一起。新疆农村公共文化建设的成效在很大程度上就取决于如何把宗教文化纳入到社会主义核心价值体系的建设中去，将宗教文化的治理纳入到社会主义核心机制体系的建设中去。多元共存性指的是新疆农村多民族长期相处、共同生产、生活而形成的多元文化并存。新疆农村公共文化建设就是要通过宗教文化的治理，利用开展群众文化活动来引导各族人民群众对伟大祖国的认同、对中华民族的认同、对中华文化的认同、对中国共产党的认同和对中国特色社会主义道路的认同（尹照东，2016）。

新疆地区的城乡一体化进程中已经形成了以市县、区为中心，向乡镇辐射的广场文化格局（新疆新农村文化发展调研组，2009），但总体上来看，在经费的投入、资源的整合、信息化的推进、人才的培养等方面，还存在很大问题。

第五章　西部边境民族地区城乡一体化进程中村民公共文化需求与供给分析

第一节　西部边境民族地区村民公共文化需求影响因素分析

为了深入研究西部边境民族地区城乡一体化进程中村民公共文化需求影响因素，根据李佳真（2016）的研究结果，本项目组将边境民族地区农村公共文化供给与需求的主要影响因素归纳为 8 个一级因素，即政府因素、村民因素、经济因素、民族文化因素、社会力量因素、传播媒介因素、邻国及宗教因素、城乡一体化因素和 44 个二级因素，如表 5-1 所示。

表 5-1　　　云南农村公共文化服务的主要影响因素

一级因素	二级因素
政府因素	文化事业经费投入、文化机构数、从业人员数、基础设施建设、人才建设、文化政策及法规
村民因素	年龄结构、村民民族结构、受教育程度、人均 GDP、可支配收入、公共文化产品需求指数、参与积极性、村民满意度
经济因素	文化产业收入、文化产业占 GDP 比例、GDP 增长率、全省 GDP、财政支出、文化支出占财政支出比例、文化供给量、文化服务产品供给、地区教育投入比例
民族文化因素	当地特色文化、非物质文化遗产、文化传承人数量、文化保护程度
社会力量因素	民间组织数量、民间艺人数量、企业文化投入、组织活动次数、政策鼓励系数
传播媒介因素	图书数量、报纸数量、电影放映次数、电视普及率、互联网普及率、智能手机普及率等

续表

一级因素	二级因素
邻国及宗教因素	比邻国家文化、宗教信仰等
城乡一体化因素	城乡公共文化共建、文化资源共享、文化特色共创、文化发展共荣

数据来源：根据访谈和查阅资料整理。

一 政府因素

政府作为影响农村公共文化需求的主导性因素之一，主要通过政策来引导和调节。通过调节及发布相关政策，影响经费、人力资源等以及外部资源的投入，影响文化基础设施的建设，影响公共文化机构数量的多少，影响从业人数，影响公共文化队伍建设。因此在农村公共文化及服务建设过程中，政府如何依据各省区边境民族地区农村实际情况制定政策、安排政策具有十分重要的意义。其相互关系如图5-1所示。

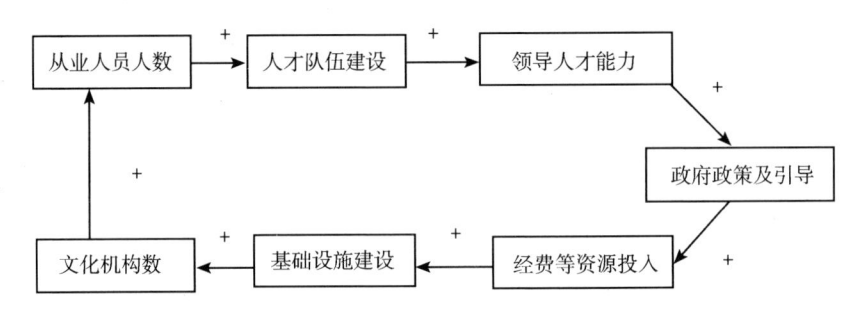

图 5-1 政府因素与农村公共文化建设关系

从图5-1中可以看出，政府通过制定政策法规及规章制度，决定经费及相关资源的投入数量、投入渠道等。而资金的投入影响基础设施建设、文化机构数、从业人数、人才队伍建设以及领导人才的能力，而这些因素又对政府政策的制定起着重要的影响。在西部边境民族地区，由于经济相对落后，而且面临境外文化、宗教文化的影响，因此公共文化供给的政策也有很大不同。在调查过程中发现，云南边境民族地区村民虽然受南传佛教影响，但村民对各种文化持开放状态；广西边境民族地区村民由于临海而居，属于沿海开放一带，对各种文化也持开放状态。这两个地方的公共文化及服务的政策主要倾向于丰富村民的精神生活，提升村民的生活质量，规范公共文化的发展。西藏边境民族地区村民受藏传佛教影响较大，新疆边境民族地区村民受伊斯兰教影响较大，文化相对较为封闭，这两个地方的公共文化及服务政策主要是确保文化安全、边境安全。在公共文化政策方面，广西云南边境农村具有一定相似性，公共文化建设政策应主要集中在繁荣边境文化，促进乡村振兴，展示国家软实力；新疆与西藏边境农村具有一定相似性，都是受本地传统文化及宗教影响较深，融入中国特色社会主义文化存在很多挑战，因此，公共文化的建设政策应集中在培育社会主义核心价值观，稳定边境。

二 村民因素

村民是农村公共文化服务的服务对象。村民的年龄、性别、民族、受教育程度、宗教信仰、收入高低以及对公共文化的需求等因素都影响着农村公共文化服务。其详细关系如图5-2所示。

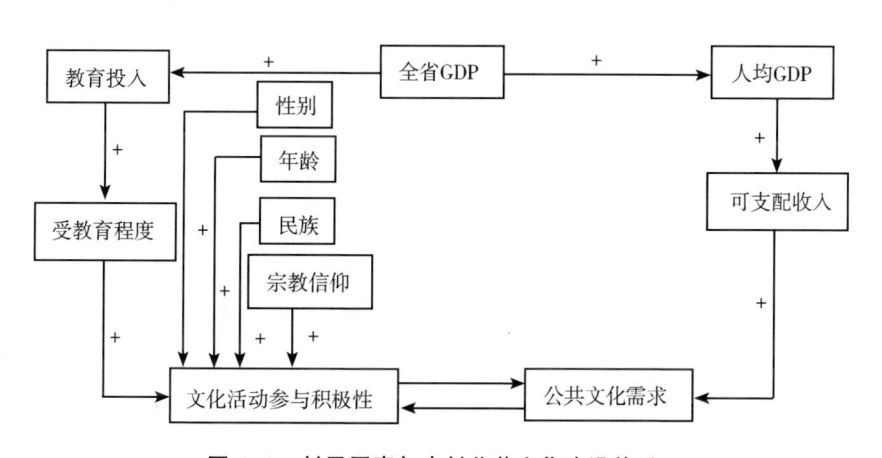

图 5-2 村民因素与农村公共文化建设关系

从图 5-2 中可以看出，涉及村民的影响因素较多，包括民族、年龄、性别、受教育程度等。而这些因素主要通过村民对文化活动的参与积极性和对农村公共文化的满意度表现出来。在调查中发现，西藏、新疆两个自治区的边境村民在受教育程度方面相对较低，民族相对单一，受宗教影响较深，性别、年龄对公共文化的需求及参与影响不大；云南民族较多，村民受教育程度相对高一些，而且村民中多种文化共存，性别、年龄对公共文化的需求影响较大，不同年龄段、不同性别对公共文化的需求差别较大；广西边境村民与云南边境村民相似，性别、年龄对公共文化的需求影响较大。

三　经济因素

目前，西部边境地区农村公共文化服务的资金缺口较大，虽然中央及各地方政府对农村公共文化建设推出了相关政策，对各个行政村进行补助，但由于地方经济增长相对较为缓慢，地方财政支出有限，而且市场支持较少，因此，西部边境地区农村公共文化建设资金缺口较大，导致部分自然村的公共文化建设还相对落后。经济因素与公共文化建设的相互关系如图 5-3 所示。

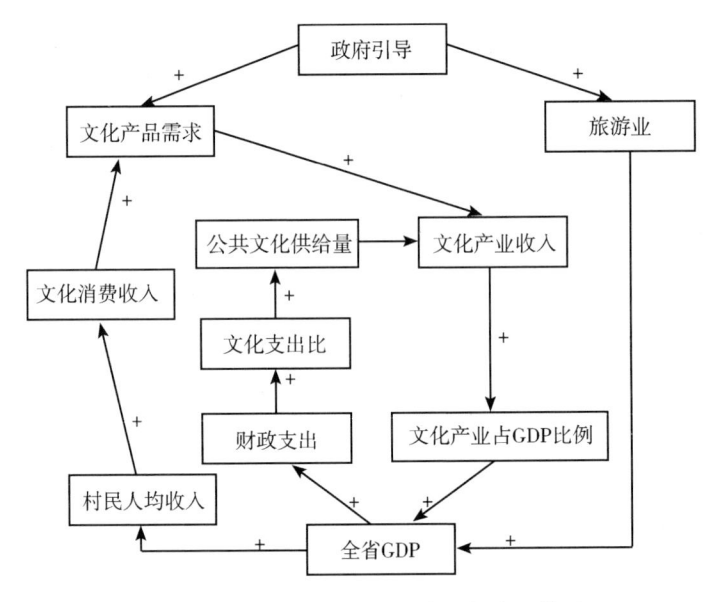

图 5-3　经济因素与农村公共文化建设关系

总体而言，广西、云南边境村民的经济收入增长较快，新疆北部也增长较快，这也导致这些地方相对而言社会较为稳定，而西藏、新疆南部由于基础较为薄弱，近年虽然经济发展较快，村民收入增长较快，但与其他省区相比，文化消费水平还比较低。虽然公共文化基础设施建立起来了，但村民的整个文化建设还是受宗教和传统文化影响较大。

四 民族文化因素

西部边境农村民族文化及地方特色文化对公共文化建设有着非常重要的影响。特别是在云南、广西边境农村，民族文化因素促进当地公共文化建设现象非常明显。这些地方的民族特色文化活动，不仅可以为文化产业打造特色文化产品，同时村民对自己所在地区的特色文化具有很强的认同感和适应感，因此举办的文化活动，村民都愿意积极参加。在西藏、新疆边境民族地区，一些地方特色文化及民族文化也非常受村民欢迎。当然也有一些腐朽落后的文化及活动打着民族文化及地方特色文化的幌子，进行非法活动。

结合前面提到的文化的各种影响因素，与农村公共文化建设的关系如图5-4所示。

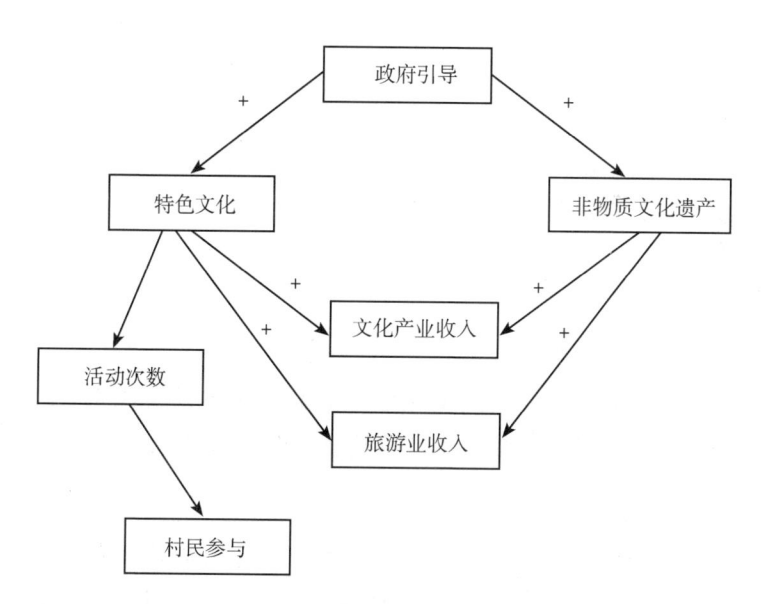

图 5-4 民族文化因素与农村公共文化建设关系

从图 5-4 中可以看出，在民族文化方面，政府通过引导，能加强对非物质文化遗产的保护，促进了旅游业的收入和文化产业的收入，同时也增加了文化活动的举办次数，吸引村民的参与；这表明政府的引导同样可以促进特色文化的发展和保护，提高文化产业的收入，增加文化活动的举办次数，吸引村民参与。

在西部边境四省中，民族文化对公共文化建设的影响都很深远：在云南边境民族地区，具有丰富多彩的少数民族文化，如傣族的泼水节、佤族的摸你黑狂欢节、彝族火把节、苗族花山节、景颇族文化等，这些民族文化与公共文化融合在一起，促进了旅游业的发展，提高了村民收入，开阔了视野；在广西边境民族地区，壮族的歌、瑶族的舞、苗族的节、侗族的楼等发展的非常有特色（周鸿、黎敏茜，2016）；在西藏边境民族农村地区，民族文化主要包括唐卡、服饰文化、头饰文化等；在新疆边境民族农村地区，民族文化主要包括古尔邦节、肉孜节节日文化和曲子戏、新疆舞等。

此外，西部还有一些民族如云南的景颇、傈僳、独龙、怒、佤、布朗、基诺、德昂 8 个民族以及西藏的部分藏族等。这些多元化的民族和多样化的社会形态，一方面为公共文化建设提供了更多的原生态素材，但另一方面这些边境民族的直过民族，生活方式较为落后，依赖思想严重，存在着"等靠要"的思想，这些地方的人大多思想陈旧，缺乏市场竞争意识；教育投入严重不足，群众文化素质偏低；边境线长，宗教渗透频繁，边疆稳定存在潜在威胁。

五 社会力量因素

社会力量包括企业、民间组织、民间艺人（包括乡贤）等。这些社会力量的注入使得农村的公共文化建设具有了更多的资源选择。其中，这些社会力量与农村公共文化建设的关系如图 5-5 所示。

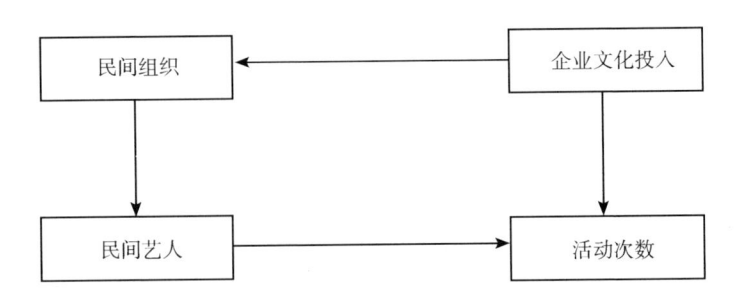

图 5-5 社会力量因素与农村公共文化建设关系

在广西、云南边境地区，民间组织和企业出资举办年会、举办乡村特色文化较多，这些社会资本的参与丰富了村民的公共文化活动，吸引村民参与。当前云南、广西边境民族地区社会力量参与公共文化建设的主要任务是构建有效的合作平台，完善合作模式；西藏边境地区主要是举办与藏传佛教文化有关的活动；新疆边境地区主要是举办与伊斯兰教有关的活动。西藏、新疆边境民族地区在社会力量参与方面，主要应加强对引导、监督和考核机制的建设。

当然，西部边境地区在社会资本参与公共文化建设方面，问题还比较多，主要包括非营利组织发展乏力，营利组织参与公共文化建设缺乏长期性和稳定性、公民参与公共文化的意识和能力有待提升等（阮可，2013）。

六　传播媒介因素

传播媒介作为公共文化传播的工具和载体，具有很大的影响力，如图 5-6 所示。当前，边境村民公共文化传播媒介既有传统媒介，又有现代媒介。传统媒介包括杂志、报纸、图书、节庆日活动等；现代媒介包括电视、电影、网络等。

村民 ←→ 传播媒介 ←→ 公共文化

图 5-6　传播媒介因素与农村公共文化建设关系

在这些媒介中，由于农村村民受教育水平较低，传统媒介中的杂志、报纸、图书在农村村民中应用较少；但对于现代传播媒介，随着智能手机的不断推广，使用网络的人越来越多，网络成为年轻一代文化消费的主要渠道之一。随着"互联网＋"战略的推进，共享图书、远程教育、远程培训等公共文化资源共建共享活动对村民的影响也越来越大。

当前，西部边境村民获取信息的途径也由单一到多元。很多村民不仅通过电视、广播等了解外界世界，还通过手机、互联网等来获得自己所需的信息。随着信息时代的到来，村民已从原来的信息封闭走向了信息解放，甚至到了信息依赖。但由于大部分村民信息获取、鉴别能力较弱，在面对各式各样的信息时，一方面难以获得有用信息，另一方面难以判断信息的真伪。因此，在公共文化建设的过程中，传播媒介的建设也非常重要。在西部很多农村，第二代、第三代青年农民群体已经适应了QQ、微信、抖音等的生活和工作模式，这些媒介对他们的影响越来越大。在公共文化建设的过程中，对于相关部门来说，一方面应进一步整合传统渠道与现代信息媒介，加大通过智能手机为村民提供具有文化内涵和信息资讯的相关服务，加大村民与公共文化供给者之间的互动；另一方面，应加强对边境民族地区现代信息媒介的监管，确保社会的稳定及安全（陈浩天，2014）。

七 邻国及宗教因素

由于毗邻不同的国家，这些国家的信仰、文化等，对边境民族地区村民的公共文化建设也有相应的影响。这些边境邻国的文化主要包括佛教文化、伊斯兰文化、基督教文化等。近年来，在各种因素的影响下，各种文化及文明之间的冲突有加深迹象，各种文明和文化都加强了渗透和传播，这些文明和文化对边境民族地区，特别是农村的文化具有较大的影响。

总体上来说，中国西部边境民族地区社会发展仍旧处在落后阶段。在西藏、新疆、云南、广西部分边境民族农村，村民受教育程度低，对很多社会现象和自然现象理解不了，因此只有寄托在宗教上。宗教虽然对于社会的稳定和发展具有一定的积极作用，但也有很多消极作用，主要体现在以下几个方面：

其一，宗教易于束缚信教群众的精神世界，如果一个人被宗教信仰占据全部精神世界，可能变成宗教信仰的"奴隶"，作为人的主体性特征将不断消解。无论是西藏的藏传佛教、云南的大乘和小乘佛教，还是新疆的伊斯兰教，在束缚信教群众的精神世界方面都是相同的。其二，大部分宗教教义包含许多颓废悲观的内容。当前，一部分青年受这种意识的影响，形成了特殊的"佛系青年"现象。这些青年缺乏理想，对未来激情不足，缺乏为集体奉献的精神。其三，过于泛滥的宗教信仰易于侵蚀国家政权的合法性基础。随着各种文明及文化的冲突的加深，部分国家、一些极端势力和邪教势力鼓吹宗教的自由发展，打着"宗教"

的幌子实行民族分裂破坏活动，而西部边境民族农村，往往疏于防范，部分群众由于不明真相，容易受其蒙蔽（方盛举、吕朝辉，2014）。

对于邻国的一些腐朽文化及宗教的负面效应，在公共文化建设的过程中，应主动屏蔽，这样才能从真正意义上充分有效地发挥公共文化的正能量。由于西部边境民族农村地区长期受宗教的影响，因此，需要开展持之以恒且行之有效的文化治理，即以习近平新时代中国特色社会主义思想为指导，以社会主义核心价值观引领与指导边境民族地区公共文化建设，发扬优秀传统文化，自觉抵制封建迷信，分清宗教思想里面的哲理与愚知，杜绝对宗教信仰的盲目信任和盲目跟随，使得边境民族地区的宗教秩序正常化和可控化。

八 城乡一体化因素

当前，我国的公共文化建设城乡差距较大。一般情况下，距离城镇越近，公共文化基础设施和条件越好。城乡一体化，已经成为影响公共文化建设的一个重要因素。

对于公共文化供给城乡一体化，应坚持城乡公共文化共建、文化资源共享、文化特色共创、文化发展共荣四大原则。在具体的建设上，应积极创建城乡共建模式，转变目前存在的文化产业发展对乡村文化资源的掠夺式开发，探索公共文化与文化产业互助路径，实现城乡互惠、城乡共赢。在设施建设上，除进一步依托移动终端，推进村村通、户户通、文化资源共享、数字农家书屋、乡镇文化站建设等基本设施建设外，建议针对民族地区农村文化活动的特点，由政府投入及引导，建设具有民族特色的公共文化设施；在文化产品的提供上，由过去的提供产品为主转变为扶持群众广泛参与的活动为主，并将这些活动的扶持与民族传统节日文化紧密结合起来，保证文化活动与农民生活的紧密相关性。在公共文化建设规划方面，应整合多方资源，实现五个结合：少数民族文化的传承发展与核心价值观的结合；城镇化建设与公共文化建设的结合；扶贫脱贫、生态移民与公共文化建设的结合；信息化、数字化、现代化与公共文化建设的结合；乡村振兴与公共文化建设的结合。应鼓励发展市场化的乡村文化产业，实现公共文化与文化产业的互相促进、共同发展（李桃、索晓霞，2014）。

第二节　西部边境民族地区城乡一体化
进程中公共文化供给特征

一　经济发展滞后，公共文化基础设施建设不均衡

与东部和中部相比，西部广大农村地区公共文化基础设施更是少而简陋。表5-2是2016年西部边境四省区的公共文化设施发展情况。

表5-2　　　　　　　2016年西部四省区公共文化建设情况

省区	公共图书馆建筑面积（万人平方米）	公共图书馆建筑个数（个）	公共图书馆藏书（千册）	乡镇文化站（个）	演出场次（万场）	农村电视覆盖率	互联网用户数（万户）	文化投入（亿元）	人均文化事业费（元）
广西	80.76	114	27195.5	1127	1.19	96.31	396135	19.93	41.2
云南	77.08	151	20912.3	1302	3.22	96.70	3942.79	25.90	45.85
西藏	—	81	1773	684	0.69	94.22	—	10.98	—
新疆	—	107	13034	1020	—	96.59	—	16.56	69.04
平均	103.00	99.00	28174	—	7.21	97.79	—	21.08	55.74

数据来源：《中国文化统计年鉴》、《中国农村统计年鉴》、《中国统计年鉴》。

从表5-2中可以看出，西部边境四省区在基础设施建设方面虽然取得了很大进步，但很多指标与全国平均水平还有一定的差距。在公共图书馆建筑面积、公共图书馆藏书、演出场次、电视覆盖率、互联网用户数等方面很多省份都达不到平均水平。此外，西藏、新疆、云南等自然条件和经济发展滞后边境民族地区，特别是边远山区和农牧区，由于地理条件恶劣、缺少文化活动场地，甚至还存在看不到电视、听不到广播的现象。

二　人才资源匮乏，亟待解决

相对而言，西部地区由于经济、地理的因素，导致人才资源相对匮乏，很多公共文化人才留不住、引不进来等问题较为严重，这也导致部分公共文化创新供给不够。习近平总书记在两会时参加广东团会议指出："发展是第一要务，人才是第一资源，创新是第一动力。"没有人

才优势，开展创新工作就较为困难。

三 建设渠道较为单一，公共文化经费较为紧张

西部边境民族地区的村民在公共文化供给上，主要是依靠政府的财政拨款。从公共文化的公共性来说，通过财政拨款来实现其公共性，这是非常正确的渠道。然而，由于西部地区经济相对滞后，与东部和中部相比，由于 GDP 总量相对较少，财政拨款数额要少很多，再加上缺乏企业、社会等购买公共服务，因此经费较为紧张。从表 5-2 中可以看出，2016 年西部四省区公共文化建设中，在文化经费投入、人均文化事业费上与中部、东部省份有很大差距。

四 城乡一体化进展缓慢，公共文化供给差距较大

西部很多省市自治区的城镇化率达不到全国的平均水平，而且城乡一体化进展缓慢，城乡收入差距较大，居民受教育程度差距也较大，再加上西部地区大部分农村人口较少，分布比较零散，因此，公共文化供给也相对少一些，与城市的差距越来越大。

五 "一带一路"倡议对边境村民公共文化供给影响较大

随着"一带一路"倡议的发展，西部边境村民公共文化建设方面也受到极大影响。在新疆地区，2016 年制作了专题片《丝路传奇之口述历史》《丝路传奇之美食故事——新疆味道》等公共文化节目；2015年，新疆在 10 个涉边地州市 100 个乡镇、400 个基层服务点，新增配备公共文化一体机、摄像机、中国文化网络电视互动播出终端、平板电脑等设备，提升边境地区数字文化服务能力（范雪，2016）。在云南省，2016 年，云南省文化厅推进"春雨工程""大地情深"文化志愿者边疆行活动，联合广东省文化厅在普洱市、西双版纳州成功举办文化志愿者边疆行系列活动。2016 年，广西主要依托东盟，开展了教育合作与发展、东盟文化论坛、教育成果展、东盟戏剧周、东盟戏曲演唱会等活动，有效推动广西与东盟各国在艺术教育领域的合作交流，受到各界的广泛关注。全年广西对外文化交流项目 39 项，959 人参与交流，参加活动 13.87 万人；组团赴越南参加第六届越南（顺化）国际马戏节，

展示广西优秀的舞台艺术（弓朵阳，2018b）。

第三节 西部边境民族地区城乡一体化进程中公共文化需求特征

一 宗教文化对公共文化需求影响较为明显

在这一方面，以西藏、新疆为代表的宗教文化需求特征最为明显。西藏、新疆是我国藏族、维吾尔族聚居地，也是宗教信仰最密集的地区。由于历史的原因，这些地方的人群几乎全民信教，如藏族信仰藏传佛教，维吾尔族信仰伊斯兰教。由于大部分村民受教育程度较低，这些宗教深刻地影响着村民的思想、生产和生活，同时成为地方民族文化存在、发展、传播和保存的一种重要方式（李菊梅，2016）。中国藏学研究中心罗绒战堆研究员（2002）认为，在西藏，宗教消费支出占中等收入农户六分之一的全年收入。

近年来，随着西部旅游热的兴起和乡村振兴计划的实施，丰富的宗教文化资源吸引了大量游客慕名而来。这些外来游客进入西藏、新疆等地，在欣赏当地自然人文景观、民族文化风情的同时，购买了许多带有宗教民族文化的工艺品、日用品等。在当地和外来消费群众的拉动下，这些地方宗教文化消费特征也更加浓郁。这种氛围也进一步导致了当地公共文化建设中具有更多的宗教特征。

二 多元少数民族文化对公共文化需求影响较为明显

在西部，多元少数民族文化对公共文化建设的影响较为明显。据第四次全国人口普查数据显示，云南省人口在 5000 人以上的世居少数民族有彝族、哈尼族、白族、傣族、壮族、苗族、回族、傈僳族等 25 个。其中，白族、哈尼族、纳西族、傣族、佤族、拉祜族、景颇族、傈僳族、布朗族、普米族、阿昌族、德昂族、基诺族、怒族、独龙族这 15 个少数民族是云南特有的。这些民族中的景颇、傈僳、独龙、怒、佤、布朗、基诺、德昂 8 个民族从原始社会或者奴隶社会直接过渡到了社会主义社会。这些多样化的民族和特殊的社会形态经历，影响着边境村民的公共文化需求。

广西壮族自治区是我国最大的壮族聚居区，境内主要聚居有壮族、汉族、瑶族、侗族、仫佬族、毛南族、回族、京族、藏族、水族和仡佬族12个民族。广西是中国京族唯一的居住地，京族是越南与中国广西边境的跨境民族。这些民族特点都对广西边境村民公共文化的需求形成了影响。

西藏地区的居民主要是藏族，在边境农村，很多地方是从奴隶社会直接过渡到社会主义社会的。这些特征也影响了西藏地区公共文化的需求。

新疆地区农村主要居住的是维吾尔族。维吾尔族所具有的饮食、服饰、建筑、礼节、民间故事、音乐、舞蹈、节日、婚丧等独特文化，对维吾尔族具有较大的影响，特别是在边境农村，由于接触其他文化的机会较少，村民的很多公共文化需求主要以民族文化的方式显现。

三 公共文化需求增加，但总量不大

在国家大力提倡和重视发展公共文化建设的战略之下，文化产品不断丰富，群众文化消费意识觉醒，消费意愿滋长，消费能力不断提高。根据《云南统计年鉴》，云南2009—2012年农村文化消费支出占总支出由5.4%上升到19.94%，呈上扬态势。此外，根据《中国文化统计年鉴》的数据，西部农村文化消费支出都有所增长，而且农村居民文化消费增长速度明显快于城市。随着城镇化的深入推进，随着村民经济生活水平的提高，广大农民阶层将进一步释放出文化消费潜力，文化消费总量将有所增长，但由于受教育、经济发展等因素影响，总量并不大。

第四节 西部边境民族地区城乡一体化进程中村民公共文化供给与需求之间存在的问题

一 西部边境民族地区农村公共文化建设发展不均衡

（一）西部边境民族地区农村文化建设资金投入不足

我国西部地区经济发展相对滞后，而边境农村由于自然环境、历史

发展等影响，公共文化建设资金投入较少，而且由于村民居住较为分散，每个村民能享受的公共文化基础设施和服务较少。资金支持已经成为牵制这些地区农村公共文化建设的主要因素。此外，由于农村的公共文化基础设施较为薄弱，村里公共文化建设的大部分资金主要投入到公共文化基础设施建设中，缺少后期的运营和维护资金，因此，部分农村公共文化设施处于闲置状态，一些设施损坏后无力进行维修。当前，尽管国家财政有了专门的文化资金投入，但由于边境农村公共文化建设资金缺口较大，很多城镇里的公共文化服务依然难以实现。此外，不同的边境地区由于经济发展不一样，公共文化投入也不一样，比如广西的东兴、云南的磨憨等地，经济发展较好，公共文化建设发展较快，而亚东、奇台等地经济相对滞后，公共文化建设发展相对滞后。

(二) 西部边境民族地区农村文化边缘化

我国长期重经济轻文化、重内地轻边疆、重城市轻农村的发展现实，使得边境民族地区的农村文化建设存在机制支撑滞后或无力现象，导致边境民族农村地区文化边缘化。这里的文化边缘化主要指边境民族地区农村在民族政策的实施中，由于缺乏对一些农村农耕文化的保护，导致都市文化、庸俗文化、宗教文化、境外文化等强势文化进入边境多民族地区农村，进而导致自下而上的公共文化诉求与自上而下的公共文化管理体制之间的矛盾，使得边境民族农村地区的传统优秀文化逐渐被忽略、被边缘化甚至消失（林炜、杨连生，2014）。这一现象在西藏、新疆部分边境地区尤为突出。在西藏，由于藏传佛教的影响巨大，很多边境村民的公共活动就是佛教活动，而很多公共文化设施和场所则利用率不高，原本存在的很多村民文化活动消失了。在新疆，由于深受伊斯兰教的影响，很多边境村民的公共活动就是从事伊斯兰教的活动。此外，边境民族地区农村劳动力资源的外流也正在加速着边境多民族传统文化的边缘化，大量农村中青年劳动力长期外出务工，许多农村劳动力贫瘠，农村文化活动缺少活力。

(三) 西部边境民族地区农村公共文化建设人才紧缺

由于西部民族地区大多经济较为落后，因此很多地区主要以经济建设为主，很多地方公共文化建设及服务相关人员不受重视，安排一些准备退休的人来承担工作，这些人年龄老化，知识陈旧，不专业，这也导致农村公共文化建设近乎停滞不前。此外，还有一些文化遗产由于缺乏年轻人传承，处于消亡的风险中。在乡镇一级的农村公共文化建设中，缺乏人才已经成为一个亟待解决的问题。

二　西部边境民族地区农村公共文化建设社会资本存量不足

社会资本对边境民族地区农村公共文化建设起着重要作用。但西部边境民族地区农村社会资本存量不足，主要体现在以下两个方面：

（一）西部边境农村村民关系网络较为封闭

社会资本的重要内容之一就是关系网络，受地理条件和经济基础等因素的影响，西部边境民族农村的发展一直相对滞后。社会关系主要是由家而衍生的亲戚、宗族、血缘、地缘关系，与由公共性衍生的社会交往、公共观念、公众意识、业缘为基础的社会关系相比，前者更显封闭与滞后。

（二）低文化水平与落后思想观念导致农村人力资本不足

西部边境地区农村由于社会、自然、历史等原因，大部分村民受教育程度较低，接触新事物的机会较少，再加上一些思想较为活跃的青壮力外出打工，这些也导致农村智慧人力资本严重不足（林炜、杨连生，2014）。

第六章　西部边境民族地区城乡一体化进程中村民公共文化供给与需求实现路径

第一节　挖掘和传承优秀民族文化

很多边境民族地方都有璀璨的传统优秀民族文化，而且也创作了一定数量的优秀作品，但从总的数量上来看，还不能满足边境民族地区村民追求美好生活的需求。而且在开发方面，一些民族如傣族、白族、京族等开发较多，其他民族开发较少。另外，应加强民族文化品牌的开发和保护。

一　开发与利用边境民族地区农村传统优秀文化

乡村传统优秀文化对村民具有较大的吸引力和凝聚力。在中国西部云南、广西的大部分村落，主要是农耕文化；在西藏和新疆，主要是游牧文化。边境民族地区农村的传统优秀文化的开发与利用，并不是简单地将其商业化和商品化，而应在与中国社会主义核心价值观相适应，与建设有中国特色的社会主义相适应的基础上，重新整合、重组形成新的公共文化资源，以满足村民的需求。通过对边境民族文化的开发与保护，深层次挖掘出新文化内涵，为建立新的公共文化体系奠定基础，才能更好地满足当地村民的公共文化需求。

二　培养与团结边境民族地区农村文化乡贤

在边境少数民族地区农村居民之中，有不少农村文化乡贤。这些人熟知本民族的本土文化，具有文化内涵、组织才能、文娱天分，受当地人的尊重和信任，是边境民族地区农村公共文化建设的潜在推动者或带头人，在建设公共文化中起着重要作用，因此，需要团结西部边境民族地区农村的乡贤，加强培养与团结边境民族地区农村文化本土乡贤，通过政策及相关激励机制吸引民间优秀的本土人才参与农村公共文化建设，引导边境民族地区农村公共文化建设发扬优秀传统文化，不断推陈出新。

三 建设以村民为主体的公共文化内生机制

在农村，公共文化的建设一方面要打破其相对封闭的环境；另一方面应依托当地，建立以村民为主体的公共文化内容机制。具体来说，村民的公共文化建设，应以社会主义核心价值观为共同意识，以传统优秀文化为依托，唤起村民对所属区域的认同感与归属感，共同参与建设边境民族文化，让村民既是公共文化的建设者，也是公共文化的消费者，让边境民族地区村民成为农村公共文化建设的主体、源头活水，让"造血式"的内生发展模式取代"输血式"外部发展模式（林炜、杨连生，2014）。在边境农村公共文化的建设中，要充分把村民中热爱群众文化、具有组织才能、文化体育特长的骨干组织起来，让他们在各种文化活动中发挥桥梁纽带的作用，团结带动更多的村民参与文化活动，培育和建设健康的农村文化市场。

第二节 "政府＋市场＋社会"模式

当前，很多地方特别是西藏、新疆边境民族地区村民的公共文化供给模式主要是由政府负责。这种模式保障了公共文化的均等性、公平性，保障了公共文化建设的方向，但却满足不了村民的需要。

要满足村民地方性、层次性、个性化的文化需求，离不开政府、市场、社会三者的协调合作。在公共文化产品和服务的供给上，应主要由政府来承担相关费用，特别是在西部边境地区，由于经济发展相对滞后，公共文化市场也相对滞后，虽然随着城乡一体化的推进和乡村振兴战略的实施，西部边境乡村有了很大发展，但总体上来看，在公共文化的建设上，还是主要依靠政府。当然，在公共文化产品的生产、供给和具体服务中应适当引入市场机制，以便优化公共文化资源的配置，充分发挥市场的作用。此外，对于商业性文化产品的供给可以充分发挥市场机制的作用，充分利用边境民族地区民族资源丰富以及村民致富需求强烈的特点，鼓励企业投资文化产品和服务，让企业来推动文化产品和服务的市场运作，走产业化发展之路。鼓励社会力量积极参与公益性文化产品和服务的供给，大力支持村民自己组织的传统文化活动，促进社会文化团体、非营利性公益性文化组织发展和文化志愿者队伍建设（邱淑、杨丽，2014）。

第三节 "公共文化＋乡村旅游"模式

公共文化虽然是一种公共产品，但如果建设得当，对于乡村振兴战略会有很大的相互推动作用。公共文化通过与地方传统优秀文化相结合，具有较强的生命力和活力，不仅可为传统村落的发展增添新的内容和文化表现方式，同时也有利于助推传统村落文化复兴。根据课题组调查，在西双版纳勐腊的尚岗村，广西的竹山村、松柏村等，这些地方都有着丰富的地方传统优秀文化，可以将公共文化与当地传统优秀文化相结合，助推村落文化复兴，探索"公共文化＋村落旅游"的发展道路，对传统村落的改造实施"自然衣＋传统魂＋现代骨"的建设模式，在充分挖掘传统村落文化资源的基础上，最大限度地活化村落古韵。公共文化创意产业的发展可带动旅游业的发展，传统村落中的闲置民居建筑可以进一步改造，还可以积极引导群众开设民宿、特色产品店和农家乐等实体场所。通过"公共文化＋村落旅游"道路，可为传统手工艺产品市场的开拓创造条件，从而提升传统村落旅游文化的内涵，让更多的人了解传统村落文化，提高村落文化知名度。

学者张艳等（2007）认为，乡村旅游的本质是乡村文化，在乡村旅游开发中应注重强化乡村文化建设，可采用文化观光型模式、文化体验型模式或文化综合型模式开发乡村文化旅游系列产品。因此，在公共文化建设的过程中，一方面应体现以社会主义核心价值观为准则，另一方面应体现出本地的乡村文化特征，这样既满足了本地公共文化消费需求，促进了乡村文化发展，并带动了乡村旅游，更容易达到"产业兴旺、生态宜居、乡风文明、治理有效、生活富裕"的乡村振兴总要求。

第四节 "互联网＋公共文化"模式

在实地调查中发现，在广西、云南边境一带村民特别是中青年村民，拥有智能手机比例比较高，移动上网比例比较高。这些中青年村民喜欢通过互联网来了解、接受、传播新鲜事物，喜欢通过网络来学习、休闲等。因此，广西、云南边境一带农村公共文化建设应顺应潮流，与城镇一起共建网上农家书屋、网上电影院、网上广场舞、网上特色文化活动等，促进资源的流通和共享，并通过短信、微信、微信公众号、APP等方式，针对不同村民的需求，发布和推送不同的公共文化内容。在新疆和西藏，网络普及率相对较低，但近年来也有了很大发展，考虑到新疆和西藏在文化安全上面临较大挑战，因此，在加强文化审核和监管的基础上，也应加强网络公共文化建设，通过共享共建，占领网上文化阵地。

随着智能手机的普及，西部边境农村地区在电影院、博物馆、图书馆等各种机构相对缺乏的情况下，可通过推进数字电影院、数字博物馆、数字图书馆等的建设，让村民可以通过移动端更好地享受公共文化建设成果。

当前，应打造基于区块链的"互联网＋公共文化"模式。通过区块链，确定村民的身份，在此基础上，通过互联网来实现公共文化共享，向西部边境村民提供优质的公共文化，让村民可以自由访问。

第五节 "公共文化＋精准脱贫"模式

西部边境农村公共文化不仅起着充实村民生活的作用，还起着培育、教化、塑造人的作用。边境民族地区，很多农村公共文化较为枯燥，因此，部分村民在空闲时间主要通过赌博、吸毒、酗酒、迷信、宗教活动等消磨时间。在部分村落，酗酒、麻将、扑克牌成了主要的消遣方式。这些村中存在着"穷人无志，富人无德"的现象，这也导致这些村落脱贫致富比较困难。

当然，也有一些边境村落，虽然前期经济发展相对滞后，但通过公共文化和精准扶贫结合，快速推进了当地发展，典型的如西双版纳景洪的勐龙的勐宋村，普洱江城的曲水的怒那，猛烈的江边，红河河口南溪的马多依等。这些地方通过文化艺术人才的挖掘、充分利用古村落的特色文化资源，真正实现文化惠民、文化裕民，通过精神脱贫，通过文化建设来达到精准脱贫的目的。

在"公共文化+精准脱贫"的实施过程中，学者陈建波（2017）认为，需要做好以下一些工作。一是加大基层文化人才培养力度。要根据基层工作特别是扶贫工作的特点，采取自学、函授、讲座、集训、考察、挂职锻炼等多种方式，进一步提高基层文化人才的扶贫素质和能力。发挥大数据、数字多媒体、虚拟现实等技术在贫困地区文化人才培训中的作用。特别是在云南、广西边境一带，应注重对青年人才的培养，积极引进有文体特长、愿意扎根基层、奉献文化事业的大中专毕业生，选拔优秀人才到高校和上级文化单位进修深造，条件允许可选送出国、出境深造。二是充分发挥农村文化能人的作用。在农村，有一大批能拉会唱、积极热心、乐于奉献的文化人才，要将他们的积极性和创造性激发出来。在广西、云南、西藏和新疆都有一大批这样的人才。应积极扶持其组建农村文化活动队伍，充分发挥乡镇村文化服务场所的文化传播功能，活跃贫困地区文化生活，传承发展民族文化、民间文化。积极组织文化下乡、科技下乡等活动，给贫困地区送去内容丰富、形式多样的"精神食粮"，不断满足广大农民群众的精神文化要求，发现、带动和培养贫困地区的文化创业带头人。三是建立和完善文化扶贫的人才工作机制。要根据边境民族地区农村文化扶贫的情况和工作实际，科学合理地重新调整、设置管理岗位和专业技术岗位，建立科学、合理、灵活、持续的柔性人才引入机制。健全和完善以能力和业绩为导向的社会化的文化扶贫人才评价机制。对在文化扶贫工作中做出突出贡献的优秀人才予以表彰。提升贫困地区现有文化人才的素质，挖掘他们的扶贫潜能，做到留住人才，用好人才。

第六节　城乡一体化公共文化建设模式

传统的城乡一体化主要采用城乡共建以及城乡优势互补的方式，但随着信息时代的到来，城乡一体化公共文化建设可以依托信息化来做更多的工作。具体构架如图6-1所示。

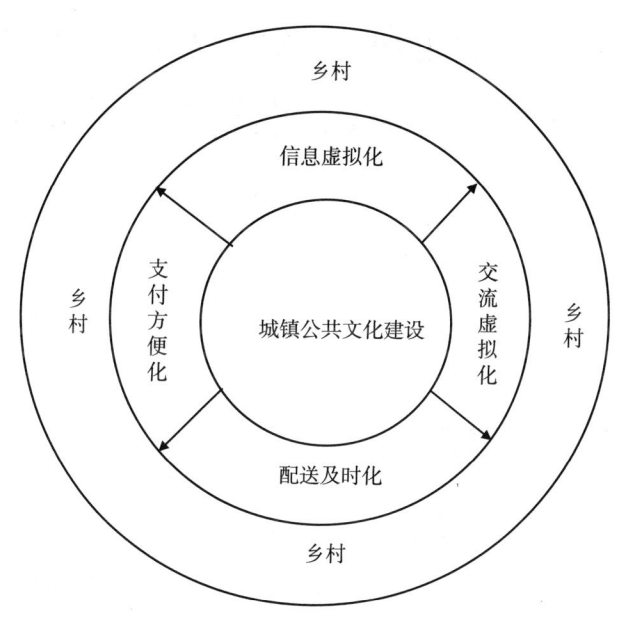

图 6-1　城乡一体化公共文化建设创新模式

这种途径主要依托城镇来推进农村的公共文化建设。这种建设方式紧紧依托互联网的发展，通过建设虚拟信息空间，交流沟通空间，打造及时配送体系、支付体系，让城镇公共文化真正能向村落辐射，让村民能真正享受到及时便捷的公共文化服务。

第七节　军民融合文化共建模式

西藏、新疆两地地广人少，特别是农村地区，文化传承及建设存在空心现象，而且面临的外部环境较为复杂，通过军民融合文化共建，一方面可以更好地保障国家安全；另一方面，也让当地拥有更多的文化资源，进而丰富其文化生活。

第七章　西部边境地区农村公共文化建设中需要注意的几个问题

第一节　西部边境民族地区公共文化建设与边境文化安全

提升国民素质，培养合格公民，促进边境地区文化安全建设是公共文化建设的一个重要目标。西部边境民族农村由于自然环境、区域发展、教育、宗教等原因，面临着复杂的边境文化安全问题。有学者认为，国家文化安全分广义和狭义两种。广义的国家文化安全指主权国家的主流文化价值体系，以及主要文化要素免受内外部敌对势力的侵蚀、破坏和颠覆，从而确保主权国家享有完整的文化主权，具备符合本国政治经济发展的创新型文化系统，并得到人民群众高度的文化认同；狭义的国家文化安全特指主权国家意识形态、价值观念、基本政治制度以及国家形象等主要文化要素不受侵蚀和扭曲，这里还强调主权国家在国际上享有比较高度一致的合法性认同（石中英，2004）。有学者认为，文化安全始终以维护国家利益为准绳，它是指国家的文化主权不受侵犯、国家的民族精神和凝聚力不被威胁、国家传承的信仰和追求得到保护（周鸿、黎敏茜，2016）。

一　西部边境民族地区主要面临的威胁

（一）边境民族地区农村文化的空心化

在西部的一些边境民族地区，很多村民一方面受教育程度较低，文盲半文盲较多；另一方面，大部分青壮年外出打工，留在边境民族地区的大多数是老弱病残，导致边境民族地区农村文化的空心化，这也给一些外来文化的入侵带来了机会。

(二) 境外政治思潮及势力对西部边境民族文化入侵

随着"一带一路"倡议的推进和国家的进一步开放，广西、云南、西藏、新疆将进一步对外开放，国际交往将在更广的范围内推进，跨国经济、文化、民间社会往来的增多为境外政治思潮及势力的流入创造了便利条件。在西部边境毗邻国家中，既有与中国政治思潮相近的越南、老挝，也有以私有制为主的菲律宾、印度、不丹、尼泊尔、俄罗斯、哈萨克斯坦、吉尔吉斯斯坦、塔吉克斯坦、巴基斯坦、蒙古、阿富汗、缅甸。此外，流亡的达赖喇嘛集团以及一些极端组织，以及以美国为首的西方国家，企图分裂及颠覆社会主义的中国。这些都决定了西部边境政治思潮具有复杂性，也为不同政治思潮的激活和传播及渗透带来了可能。西部地区特别是西藏、新疆边境地区的少数民族，由于文化的封闭性和管理上的"自治"性，在意识形态和文化认同上缺乏对中华文化的认同，有可能被外来政治思潮影响从而导致其演变成极端民族主义或民族分裂主义等，对民族文化安全的保障带来不利。

(三) 境外宗教对西部边境民族地区村民的影响

随着"一带一路"倡议的推进以及国家的改革开放，境外的各种宗教及思潮也传入了西部。部分传教士、极端组织及西方势力以宗教的名义，进行文化渗透，进行文化干预，侵扰边境的社会稳定和民族主流意识形态，危害民族文化安全。在调查中发现，这一现象在西藏主要是打着佛学教义交流进行的活动，在新疆主要是伊斯兰教的交流活动，在广西主要是基督教等的传播活动，在云南主要是一些佛教及基督教的交流活动。

(四) 境外文化对西部边境民族地区村民的影响

中国西部处在中国文化、印度文明、伊斯兰文明、西方文明、东正教文明的交汇处，特别是在边境地区，这些文化在传播过程中，文化产品逐渐显示出自身所含的国家政治属性，对传入国的文化和意识形态会产生不同程度的影响。境外文化的广泛输入一方面给年轻一代的文化消费更多的选择；另一方面也在一定程度上影响社会主义核心观的传播，以及造成西部特有的民族传统优秀文化延续困难，民族特色文化存在失传隐患。在这些境外文化中，比较突出的有拜金主义、低俗文化、色情文化、赌博文化、好逸恶劳文化等，这与我国积极倡导和培育的富强、民主、文明、和谐、自由、平等、公正、法治、爱国、敬业、诚信、友善的社会主义核心价值观是相背离的。

二 维护西部边境民族文化安全的策略

(一) 建立科学安全监控及预警机制

目前，西部边境民族地区自身经济条件仍然较为薄弱，处于文化弱势局面。境外势力通过文化、宗教、外部势力等方式，很容易渗透进来。而西部边境地区由于经济的薄弱性和文化的空心性，面对境外文化输入抗压性较弱，极易受到影响。因此，西部省份及自治区应借助基层单位、街道办、各类志愿者协会、红十字会、民间慈善机构等力量，通过信息技术及大数据，启用法律、经济、文化等管控手段，建立符合边境民族农村文化监控及预警机制，抵制境外文化的负面入侵，维护民族文化安全。

(二) 加强社会主义核心价值观建设

边境民族地区村民的政治社会化，主要是通过各种方式，对少数民族成员传播社会主流政治意识，通过树立榜样、激励先进等方式来加强社会主义核心价值观建设，使其获得广泛的认同、支持、接受，并内化为村民自身的政治情感和信仰的过程。加强边境民族地区村民社会主义核心价值观建设一般有以下一些途径：一是加强宣传，通过广播、宣传画、橱窗、电视、移动网络等宣传社会主义核心价值观的内容，宣传榜样人物，使得社会主义核心价值观的主要内容深入人心。二是加强培训和教育培养。通过家庭教育、学校的教育以及社会的培训，让社会主义核心价值观内化在青少年的意识里，内化在人们的日常生活中。在家庭教育方面，西藏和新疆由于深受宗教影响，因此，在农村家庭教育也深受宗教影响。相比较而言，云南和广西边境民族地区虽然也受宗教影响，但是，农村家庭教育受宗教的影响较为薄弱。当前，随着经济社会的发展，边境民族地区的教育有了很大发展，因此，学校教育和培养成了加强社会主义核心价值观建设，维系西部边境地区政治稳定的重要手段。三是依托信息技术，加强农村公共文化建设的创新。在社会影响方面，在信息时代的今天，信息技术为政治社会化的现代化进程提供了条件。西部边境民族农村地区应该应用好和管好网络平台，依托移动终端，大胆创新，建立起形式多样的公共文化阵地，扩大村民的参与规模，加强对村民的社会主义核心价值观教育，拉近政府和人民的关系，提升人民的政治认同感和归宿感。

（三）拓展民族文化发展途径，推进西部边境民族文化发展

党的十七届六中全会强调："要全面认识祖国传统文化，取其精华、去其糟粕，古为今用、推陈出新，坚持保护利用、普及弘扬并重，加强对优秀传统文化思想价值的挖掘，维护民族文化基本元素，使优秀传统文化成为新时代鼓舞人民前进的精神力量。"西部边境四省区应增强民族文化自信，依靠文化发展的创新，充分发挥自身优势实现少数民族文化的新发展，并将这些创新成果反馈到乡村的公共文化的建设上。具体讲，应从以下几个方面来拓展民族文化发展途径，推进西部边境民族文化发展：第一，通过旅游业来促进乡村公共文化建设。以民族文化为主导的旅游业，能最大限度地吸引国内外游客，为民族文化产业的发展搭建起良好的平台。通过旅游业，引导边境民族地区村民走向开放，解除其思想上的封闭，促进公共文化的发展，促进乡村发展。第二，通过打造地方民族文化品牌，弥补乡村公共文化的空心化。地方文化产品品牌对村民具有较大的吸引力和凝聚力，通过打造地方民族文化品牌，将社会主义核心价值观融合在里面，让地方民族文化更好地为边境村民服务。第三，打造民族文化社区，培养村民公共文化消费习惯。通过公共财政的合理投入，打造若干民族文化社区，开放更多的民俗博物馆，通过建立专属民族文化的图书馆以及数据资源的共享平台等措施来培育本地区民族文化消费习惯，以此提升本地区民族文化的认知和国家文化认同感。

（四）实施文化"走出去"政策，提高西部边境民族文化认同

西部边境省份的文化外交是维护民族文化安全的重要策略，对此，要进一步推动民族产品的国际化进程，推进民族文化产业走出国门，利用世界市场机制完善自身，提高西部民族文化在国际上的影响力。西部边境具有丰富的民族风俗、民族节日和民族文化理念，积极"走出去"，提升各族文化国际知名度，提高村民对本地区本民族文化的文化认知和文化自信，自觉维护本民族文化安全。

（五）加强边境民族地区文化人才培养，增强维护西部边境民族文化安全的智力支持

西部边境省份应制订农村人才培养计划，利用高校培养高素质人才的优势，列出专项指标，培养边境民族地区文化人才，高校通过设置民族文化专业，完善民族文化产业学科建设，有目的、系统地培养一批能够适应当今文化发展趋势，具有创新意识和能力的人才，并不断根据实时情况加以培训，有效地预防和抵制外来文化对传统文化的负面入侵，增强民族文化安全维护的智力支持。

第二节　西部边境地区民族优秀传统文化挖掘与坚持社会主义核心价值观

习近平总书记指出："历史和现实都表明，构建具有强大感召力的核心价值观，关系社会和谐稳定，关系国家长治久安。"跨境民族地区更是如此。诚然，应从多种角度全方位全过程地加强社会主义核心价值观教育，而社会主义核心价值观是中华文化的精华，从文化的视角加强社会主义核心价值观教育最为直接与适切。

一　跨境民族与边境文化

在云南、广西、西藏、新疆都有跨境民族的存在。恩格斯说："没有一条国家的分界线是与民族的自然分界线，即语言的分界线相吻合的。"有了国家，有了国境线，也就有了跨境民族，即跨国境线而居的同一民族。跨境民族有着自己的生活区域、社会历史背景与民族文化，正如英国学者安东尼·史密斯（2006）所说，跨境民族"深深根植于每个地区特定的社会背景和特点鲜明的文化遗产之中"。虽然跨境民族归属不同国家，但他们适应着相近甚至相同的民族文化。跨境民族地区毗邻他国，地理位置上的相近产生民俗、心理等方面的相似。同时，跨境民族文化与境内主流文化存在一定的差异，这种文化的差异性，如果走向极端，可能导致文化的偏见与分裂。源于此，有时跨境民族为谋求自身利益，某些认同情感甚至更倾向于邻国。如果这样，将严重影响民族团结与边疆稳定，因此，要加强跨境民族与边境文化的治理，确保跨

境民族与跨境文化符合我国的公共文化政策。

二　跨境民族与社会主义核心价值观教育

为避免上述问题，西部四省区跨境民族应加强对中华文化及其价值观的认同教育。特别是边境民族农村地区，由于这些地区处于社会主义核心价值观教育的"边缘"，可能引起涉外势力将跨境地区视为思想渗透的"中心"，特别是在新疆、西藏边境民族地区，这一状况更值得关注。因此，跨境民族的社会主义核心价值观教育工作不容忽视。对跨境民族加强社会主义核心价值观教育，应从青少年抓起。如果在教育中没有形成具有引领意义的、为人们普遍接受的主体价值信仰，那么，就会导致青少年价值观教育缺位，就会导致其他思想的乘虚而入。跨境民族青少年的教育如果属于这种"无根性"教育，将直接影响民族团结与边疆稳定。特别是在网络时代，既要注重课堂教育，还要净化成长环境，占领网络阵地。习近平总书记还指出："青年的价值取向决定了未来整个社会的价值取向，而青年又处在价值观形成和确立的时期，抓好这一时期的价值观养成十分重要。这就像穿衣服扣扣子一样，如果第一粒扣子扣错了，剩余的扣子都会扣错。人生的扣子从一开始就要扣好。"可见，加强跨境民族青少年社会主义核心价值观教育，对牢牢掌握跨境地区意识形态工作的领导权和主动权，对跨境民族青少年成长及跨境地区的社会发展具有重要意义。

第三节　西部边境民族地区城乡一体化进程中村民公共文化需求画像与隐私保护

一　西部边境民族地区城乡一体化进程中村民公共文化需求画像

随着信息技术的发展，西部边境民族地区村民在日常生活中使用智能手机以及其他智能设备的情况越来越多，在使用这些技术的过程中，通过采集和分析村民的年龄、教育、收入、社会关系、生活习惯、文化消费行为等，可以抽取出村民在公共文化消费方面的全貌，能够让公共文化供给方快速准确了解村民的公共文化需求，进而更好地为其提供公共文化产品及服务。用户画像是真实用户的虚拟代表，是通过大数据技术，对用户使用公共文化行为进行分析，并对用户人群贴上标签，进行用户画像虚拟化，从而有针对性地进行供给。在村民画像方面，可以采用"什么样的村民，在什么时间，在什么地点，做了哪些与公共文化相关的事"来进行采集。这种需求画像既可以用以往的数据来分析，也可以根据当前村民使用信息技术的状况来分析，还可以将二者结合起来进行分析。关于村民公共文化需求画像方面，结合第五章中的需求影响因素，可以采用图7-1所示的流程来进行。

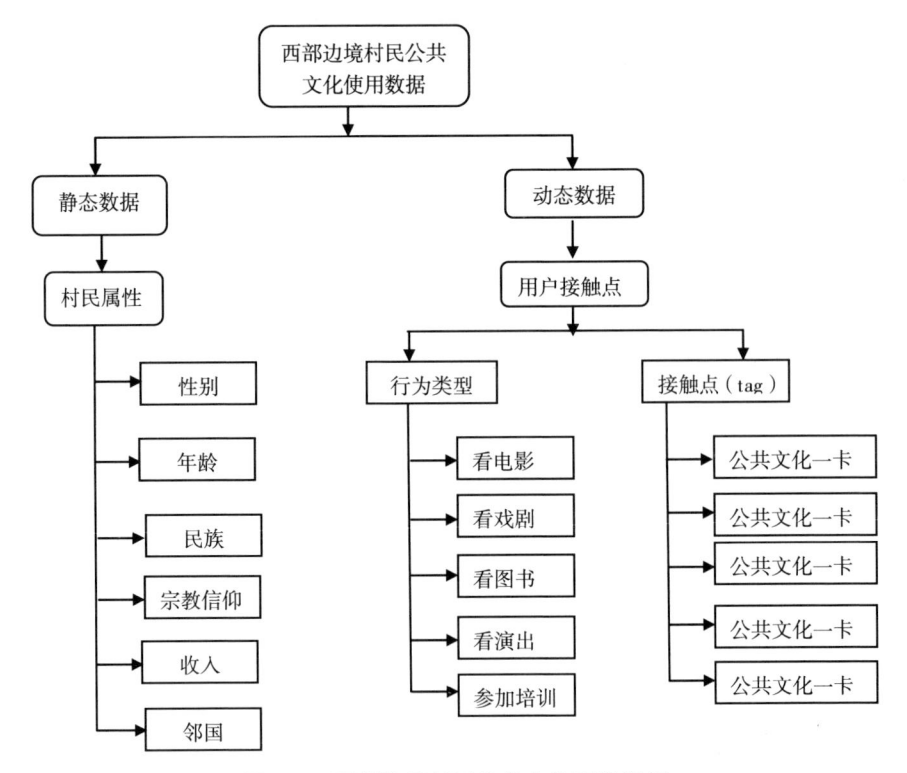

图7-1　西部边境村民公共文化画像数据

可以将西部边境村民公共文化使用数据分为静态数据和动态数据，静态数据主要是影响村民公共文化需求的一些因素，包括性别、年龄、民族、宗教信仰、收入、邻国。动态数据则包括看电影、戏剧、看演出、看展览、参加培训等活动的次数。村民数据的标签后，计算机很容易统计出村民的公共文化需求，在此基础上，通过引导和提供相应公共文化，来更好地促进公共文化的建设。

二 西部边境民族地区城乡一体化进程中村民公共文化需求隐私保护

通过构建村民公共文化自画像，能够清楚地了解和监控边境村民公共文化的需求和消费情况。通过这些数据，对其进行大量深层次的挖掘，最终让这些数据转化为资产，更好地为公共文化建设服务。但在推进的过程中，应加强立法和法规建设，保障数据的收集不侵犯村民的隐私权，确保这些数据不被非法使用。

附录1　图表目录

图目录

图 4-1　公共图书馆建设情况 …………………………（36）
图 4-2　云南边境地州图书馆藏书情况 ………………（36）
图 4-3　群众艺术馆建设情况 …………………………（37）
图 4-4　文化站建设情况 ………………………………（38）
图 4-5　博物馆建设情况 ………………………………（38）
图 4-6　云南公共文化财政投入经费 …………………（39）
图 4-7　云南边境群众艺术团建设情况 ………………（40）
图 4-8　村民受教育水平 ………………………………（42）
图 4-9　村民日常活动情况 ……………………………（44）
图 4-10　村民到农家书屋的情况 ………………………（45）
图 4-11　下乡活动受欢迎程度示意图 …………………（46）
图 4-12　广西边境地区村民手机拥有情况 ……………（52）
图 4-13　广西边境地区互联网接入情况 ………………（53）
图 4-14　广西边境地区人均收入情况 …………………（53）
图 4-15　广西边境地区村民教育文化娱乐支出情况 …（54）
图 4-16　广西边境地区村民受教育情况 ………………（54）
图 4-17　广西边境村民电视拥有状况 …………………（56）
图 4-18　广西边境农村村民对文化广场相关设施认识
　　　　情况 ……………………………………………（56）
图 4-19　广西边境农村村民对文化室的了解情况 ……（57）
图 4-20　广西边境农村村民手机拥有情况 ……………（57）

图4-21	广西边境农村跨境文化交流情况	(58)
图4-22	广西边境农村举办特色民族文化活动状况	(58)
图4-23	广西边境农村组织公共文化活动状况	(59)
图4-24	广西边境农村农民参与文化广场文化活动状况	(59)
图4-25	广西边境农村农民去文化室状况	(60)
图4-26	广西边境农村村民文化娱乐活动状况	(60)
图4-27	广西边境农村村民文化娱乐需求状况	(61)
图4-28	政府对广西边境农村公共文化建设的重视情况	(61)
图4-29	村民对公共文化建设的满意情况	(62)
图4-30	村民参与意愿	(62)
图4-31	农村村民平均每人在文化教育方面的消费	(70)
图4-32	亚东县村民对公共文化服务的了解状况	(73)
图4-33	亚东县村民获取公共文化信息的渠道状况	(74)
图4-34	亚东县村民对文化机构的了解状况	(74)
图4-35	亚东县村民对公共文化设施的了解状况	(75)
图4-36	亚东县村民对公共文化机构的了解状况	(75)
图4-37	亚东县村民参与公共文化及活动的意愿状况	(76)
图4-38	新疆边境民族地区村民教育文化娱乐消费支出情况	(82)
图4-39	新疆互联网发展情况	(83)
图4-40	村民对公共文化设施的认知状况	(84)
图4-41	农村组织公共文化活动状况	(85)
图4-42	村民喜欢的公共文化状况	(85)
图5-1	政府因素与农村公共文化建设关系	(88)
图5-2	村民因素与农村公共文化建设关系	(89)
图5-3	经济因素与农村公共文化建设关系	(90)
图5-4	民族文化因素与农村公共文化建设关系	(91)
图5-5	社会力量因素与农村公共文化建设关系	(92)
图5-6	传播媒介因素与农村公共文化建设关系	(93)

图6-1　城乡一体化公共文化建设创新模式 …………………（107）
图7-1　西部边境村民公共文化画像数据 ……………………（114）

表目录

表2-1　西部边境县市 ……………………………………………（18）
表4-1　艺术表演场所建设情况 …………………………………（37）
表4-2　村民对公共文化服务需求情况 …………………………（41）
表4-3　不同受教育水平的村民对供给的需求 …………………（42）
表4-4　磨憨镇公共文化供给渠道 ………………………………（43）
表4-5　公共文化供给情况 ………………………………………（50）
表4-6　西藏公共文化建设资金投入情况 ………………………（67）
表4-7　2016年边境地区部分公共文化建设经费
　　　　投入情况 …………………………………………………（68）
表4-8　西藏公共文化相关基础设施及服务建设情况 …………（68）
表4-9　西藏群众文化建设情况 …………………………………（69）
表4-10　西藏文艺演出情况 ………………………………………（69）
表4-11　村民人均可支配收入 ……………………………………（70）
表4-12　小学和初中的升学率及平均每万人口中大中
　　　　小学生构成 ………………………………………………（71）
表4-13　公共文化及服务基础设施建设现状 ……………………（80）
表4-14　新疆文化经费投入情况 …………………………………（80）
表4-15　新疆文化人才培养及培训 ………………………………（81）
表4-16　新疆公共文化供给情况 …………………………………（81）
表4-17　新疆边境民族地区村民人均可支配收入情况 …………（82）
表5-1　云南农村公共文化服务的主要影响因素 ………………（87）
表5-2　2016年西部四省区公共文化建设情况 …………………（96）

附录2　边境民族地区农村公共文化建设调查问卷

村民公共文化服务体系建设调查问卷

尊敬的各位同志：

您好！为了进一步推进公共文化服务均等化，确实保障群众基本文化权益，促进社会公平，传承民族文化，巩固基层文化阵地，形成积极向上的精神追求和健康文明的生活方式，我们特设计了本问卷。

一　基本信息

您在_____州（市）_____县_____乡（镇）_____村；学历是_____；民族是_____；年龄是_____岁；性别是_____；从事的职业是_____。

二　基础设施及使用

1. 您家里电视播出的节目中，是否有本地少数民族相关的节目？

   A. 有　　　　　　　　B. 没有

2. 您所在村寨有哪些公共文化设施？

   A. 文化广场　　　　　B. 锻炼场地

   C. 文化活动室　　　　D. 党员活动室

   E. 农家书屋

3. 您所在村寨中是否放映电影？

   A. 经常放映　　　　　B. 偶尔放映

   C. 不放映

4. 您所在村寨是否举办特色民间文化活动？

A. 举办　　　　　　　B. 不举办

C. 不清楚

5. 您所在村落是否有本民族的民间信仰设施？

A. 有　　　　　　　　B. 没有

C. 不清楚

6. 您所在村落是否有其他宗教设施？

A. 有　　　　　　　　B. 没有

C. 不清楚

7. 您能用手机收发短信吗？

A. 能　　　　　　　　B. 不能

8. 您能用手机上网吗？

A. 能　　　　　　　　B. 不能

9. 您家里有电脑吗？

A. 有　　　　　　　　B. 没有

10. 您会用计算机上网吗

A. 会　　　　　　　　B. 不会

三　参与公共文化活动情况

1. 您每年的文化产品开支主要用在哪些方面？（可多选）

A. 手机及通信费用　　B. 电视及电视节目

C. 科普读物　　　　　D. 报纸及杂志

E. 其他_____

2. 您每年购买文化产品大约花费多少钱？

A. 30 元及以下　　　　B. 31—100 元

C. 101—300 元　　　　D. 300 元以上

3. 您去过下列哪些文化服务场所？（可多选）

A. 农家书屋　　　　　B. 展览场所

C. 文化站　　　　　　D. 文化馆

E. 影剧院　　　　　　F. 都没去过

4. 您最希望有哪些公共文化服务项目？（可多选）

A. 农业科技频道　　　B. 科教影片和光盘

C. 科技致富书刊　　　D. 其他_____

5. 您所在村有没有定期的组织集体文化活动？

A. 有　　　　　　　　B. 没有

C. 不清楚

6. 您所在村与接壤的国外近邻有没有文化上的交流？

A. 有　　　　　　　　B. 没有

C. 不清楚

四　对公共文化的评价

1. 您认为本地政府重视群众的文化娱乐活动吗？

A. 非常重视　　　　　B. 比较重视

C. 一般　　　　　　　D. 不重视

2. 您对当地公共文化服务状况是否满意？

A. 非常满意　　　　　B. 满意

C. 一般　　　　　　　D. 不满意

3. 您认为当地公共文化中哪一类活动搞得比较好？

A. 送书下乡　　　　　B. 服务下乡

C. 文艺演出　　　　　D. 技能培训

E. 其他_____

4. 您是否愿意参加本地举行的文化娱乐活动？

A. 非常愿意　　　　　B. 愿意

C. 一般　　　　　　　D. 不愿意

5. 您认为您自己在公共文化建设中应该发挥什么作用？

A. 积极参加　　　　　B. 有可能的话自己组织

C. 提出意见和建议　　D. 什么也不干

6. 对于本村的公共文化建设，您认为还需要做哪些事情？

附录3 边境民族地区农村公共文化建设资料收集提纲

1. 公共文化基础设施建设现状
（1）文化馆（站）的基本情况（面积、藏书量、借阅率、新增图书量）；
（2）公共文化培训学校（面积、师资、开课培训频率）；
（3）文化广场建设及使用情况（面积、农民参与情况）；
（4）镇（乡）、村文化遗产保护及开发（面积、投入资金量）。

2. 农村公共文化活动
（1）电影放映情况（每年放映的次数，投入资金量）；
（2）展览情况（每年展览次数，投入资金量）；
（3）文化节、艺术节等情况（演出场次/年）；
（4）特色民间文化活动（数量、投入资金量）。

3. 农村公共文化信息发布情况
（1）电视节目情况；
（2）文化信息共享工程（投入情况，使用率）；
（3）农村自办文化发布情况；
（4）非国有公共文化机构发布情况。

4. 基本公共文化服务城乡差异
（1）农村人均公共文化资源占有情况；
（2）基本公共文化服务内容城乡之间的差别情况；
（3）有无城乡公共文化服务供给均等化或一体化政策。

5. 边境文化安全
（1）开放过程中，跨境文化交流对边境文化的影响；
（2）在交流的过程中，怎样展示国家软实力？

6. 农村公共文化建设中存在的问题

附录4 对农民的访谈提纲

1. 您所在的村是否经常开展文化活动？开展的情况如何？您是否满意？
2. 您所在的村有哪些文化基础设施和音响设备及器材？是否能正常使用？
3. 村里是否有农家书屋？是否到农家书屋看书看报？您希望看哪些书和杂志？
4. 村里是否能收到电视？是否经常放映电影？内容主要是什么？是否满意？希望看到哪些节目或电影？
5. 村里有没有专门的文化工作人员？如果有，他们的服务态度如何？专业技能如何？
6. 村内的传统文化有哪些？政府是否进行保护或传承？
7. 您认为村民的公共文化活动应该如何开展？

附录 5　对乡镇文化工作人员的访问提纲

1. 政府每年投在乡村公共文化建设上的资金大约是多少？资金的来源渠道主要有哪些？资金的使用情况如何监督？
2. 文化站、农家书屋、村级公共文化服务中心的建设情况怎么样？器材是否配备齐全？每天开放时间是多少？使用情况怎样？存在哪些问题？
3. 村里的公共文化活动的形式有哪些？是否能满足农民的文化需求？
4. 是否有专门的工作人员负责乡镇文化站、农家书屋、村级公共文化服务中心的工作？对工作人员是否定期培训？
5. 是否对农村公共文化服务绩效进行评估？评估是如何开展的？
6. 是否设置了村民反馈农村公共文化建设意见的渠道？
7. 是否有农村传统文化保护与传承的具体措施？如果有，实施效果如何？
8. 您认为边境农村公共文化的建设应该如何更好地开展？

参考文献

著作

高鸿业：《西方经济学，微观部分·第6版》，中国人民大学出版社2014年版。

国家发展和改革委员会编写：《中华人民共和国国民经济和社会发展第十三个五年规划纲要辅导读本》，人民出版社2016年版。

李成威：《公共产品的需求与供给》，中国财政经济出版社2005年版。

李菊梅：《西部文化消费与文化市场》，云南大学出版社2016年版。

罗绒战堆：《西藏的贫困与反贫困问题研究》，中国藏学出版社2002年版。

林万龙：《中国农村社区公共产品供给制度变迁研究》，中国财政经济出版社2003年。

[古希腊]亚里士多德：《政治学》，商务印书馆1983年版。

云南省统计局：《云南统计年鉴》，中国统计出版社2014年版。

浙江省统计局：《浙江统计年鉴》，中国统计出版社2014年版。

Breckenridge, C. A., *Consuming Modernity*: *Public Culture in a South Asian World*, University of Minnesota Press, 1995.

ElaineBaldwin., *Introducing cultural studies*, 影印版, 北京大学出版社2005年版。

Kupiec Cayton, M., *What Is Public Culture? Agency and Contested Meaning in American Culture—An Introduction. Public Culture*, Philadelphia: University of Pennsylvania Press, 2008.

Tobin, J., *Essays in Economics*: *Macroeconomics*, MIT Press, 1987.

译著

［英］安东尼·B. 阿特金森、［美］约瑟夫·E. 斯蒂格里茨：《公共经济学》，蔡江南等译，三联书店上海分店1994年版。

［英］安东尼·史密斯：《民族主义：理论，意识形态，历史》，叶江译，上海人民出版社2006年版。

［美］爱伦·斯密德：《财产、权利和公共选择——对发和经济学的进一步思考》，黄祖辉等译，上海人民出版社、上海三联书店1999年版。

［德］恩格斯：《家庭、私有制和国家的起源》，张仲实译，人民出版社1972年版。

［美］埃莉诺·奥斯特罗姆：《公共事物的治理之道》，余逊达、陈旭东译，上海译文出版社2012年版。

［美］马斯洛·A. H.：《存在心理学探索》，李文湉译，云南人民出版社1987年版。

［美］乔·B. 史蒂文斯：《集体选择经济学》，杨晓维等译，上海三联书店、上海人民出版社2003年版。

［美］休谟：《人性论（1997）》，关文运译，商务印书馆1997年版。

［美］詹姆斯·M. 布坎南：《公共物品的需求与供给》，马珺译，上海人民出版社2009年版。

期刊论文

陈波：《乡间艺人机会损失的形成与补偿研究——基于农村公共文化服务体系建设的视角》，《武汉大学学报》（人文科学版）2010年第3期。

陈池波、胡振虎、傅爱民：《新农村建设中公共产品供给问题研究》，《中南财经政法大学学报》2006年第4期。

程浩、管磊：《对公共产品理论的认识》，《河北经贸大学学报》2002年第6期。

陈昊琳：《面向公共文化服务的农村公共图书馆建设研究》，《图书情报工作》2009 年第 17 期。

陈浩天：《文化强农：公共文化服务的传播困局与治理路径》，《昆明理工大学学报》（社会科学版）2014 年第 4 期。

陈坚良：《新农村建设中公共文化服务的若干思考》，《科学社会主义》2007 年第 1 期。

陈建波：《开展文化扶贫需要注意的几个问题》，《经济研究参考》2017 年第 11 期。

方盛举、吕朝辉：《宗教信仰与中国陆地边疆治理》，《云南民族大学学报》（哲学社会科学版）2014 年第 1 期。

范雪：《边疆万里数字文化长廊的建设与发展研究》，《现代情报》2016 年第 5 期。

顾金孚：《农村公共文化服务市场化的途径与模式研究》，《学术论坛》2009 年第 5 期。

龚上华：《我国农民精神文化生活需求的现状与对策——基于江西省吉安市的调查》，《广西社会科学》2012 年第 9 期。

关秀献：《广西边境农村文化建设的思考》，《传承》2012 年第 24 期。

黄河：《公共产品视角下的"一带一路"》，《世界经济与政治》2015 年第 6 期。

胡洁：《西藏城乡发展一体化水平测度与评价研究》，《西藏研究》2015 年第 5 期。

黄峻：《构筑公共文化惠民新体系助推民族文化繁荣新发展——从云南文化建设实践到云南文化建设经验》，《民族艺术研究》2012 年第 3 期。

胡钧、贾凯君：《马克思公共产品理论与西方公共产品理论比较研究》，《教学与研究》2008 年第 2 期。

何继良：《关于构建公共文化服务体系、保障人民基本文化权益的若干问题思考》，《毛泽东邓小平理论研究》2007 年第 12 期。

胡锦涛：《坚定不移沿着中国特色社会主义道路前进 为全面建成小康社会而奋斗——在中国共产党第十八次全国代表大会上的报告》，《当代江西》2012 年第 11 期。

黄健毅：《边疆治理视野下的广西边境文化安全问题及对策》，《广西师范大学学报》（哲学社会科学版）2016年第1期。

洪艳、冷新科、傅端林：《基于社区视角的湖南公共文化服务体系的完善研究》，《湖南行政学院学报》2014年第1期。

胡祥：《近年来治理理论研究综述》，《毛泽东邓小平理论研究》2005年第3期。

金家厚：《公共文化需求新特征与新趋势》，《党政论坛》2009年第5期。

孔维萍、吴艳华：《论新疆农村公共文化建设的特殊性》，《昌吉学院学报》2007年第6期。

孔祥智、李圣军、马九杰：《农户对公共产品需求的优先序及供给主体研究——以福建省永安市为例》，《社会科学研究》2006年第4期。

［美］罗伯特·B·丹哈特、［美］珍妮特·V·丹哈特、刘俊生：《新公共服务：服务而非掌舵》，《中国行政管理》2002年第10期。

李达、胡红霞、王俊程：《云南省城乡一体化发展：现状、困境与策略》，《西南科技大学学报》（哲学社会科学版）2015年第3期。

吕方：《我国公共文化服务需求导向转变研究》，《学海》2012年第6期。

路冠军、郭宝亮：《公共文化服务体系构建中的农民组织化——基于农村基层文化社团的实践考察》，《前沿》2010年第23期。

李华、张靖会：《公共产品需求弹性与市场供给的相关分析》，《财政研究》2008年第10期。

李军鹏：《中国政府公共产品供给的国际比较研究》，《中国行政管理》2003年第6期。

刘锦涛：《试论城乡警务一体化建设的内涵、实质与发展趋向》，《河南警察学院学报》2009年第1期。

林敏娟、贾思远：《公共文化服务供给中的政企关系构建》，《深圳大学学报》（人文社会科学版）2013年第1期。

李少惠、张红娟：《建国以来我国公共文化政策的发展》，《社会主义研究》2010年第2期。

李桃、索晓霞：《民族地区公共文化服务城乡一体化初探》，《贵州社会科学》2014年第9期。

林炜、杨连生:《边疆少数民族地区农村公共文化建设研究》,《贵州民族研究》2014年第10期。

龙新民、尹利军:《公共产品概念研究述评》,《湘潭大学学报》(哲学社会科学版)2007年第2期。

刘义强:《建构农民需求导向的公共产品供给制度——基于一项全国农村公共产品需求问卷调查的分析》,《华中师范大学学报》(人文社会科学版)2006年第2期。

李子:《文化强区视阈下西藏公共文化服务体系建设现状及路径选择》,《西藏民族大学学报》(哲学社会科学版)2014年第5期。

蓝志勇:《创新与中国公共管理》,《中国行政管理》2006年第5期。

倪峰:《经济较发达地区的农民文化生活与农村文化建设——杭嘉湖市郊农村文化的调查与思考》,《浙江社会科学》2008年第10期。

欧阳雪梅:《西藏公共文化服务体系建设的状况及对策研究——基于对西藏自治区五地市的调研分析》,《西藏大学学报》2016年第4期。

阙培佩:《我国农村公共文化产品供给研究综述》,《四川行政学院学报》2011年第1期。

邱淑、杨丽:《少数民族贫困地区村民文化需求及实现路径》,《人民论坛》2014年第35期。

阮可:《公共文化服务的社会力量参与研究》,《文化艺术研究》2013年第3期。

任旭彬:《优化广西农村公共文化产品供给的思考》,《桂海论丛》2013年第4期。

荣跃明:《公共文化的概念、形态和特征》,《毛泽东邓小平理论研究》2011年第3期。

施建明、吴昊:《城乡一体化的公共文化服务模式初探》,《青春岁月》2013年第23期。

疏仁华:《论农村公共文化供给的缺失与对策》,《中国行政管理》2007年第1期。

石中英：《论国家文化安全》，《北京师范大学学报》（社会科学版）2004 年第 3 期。

吴琳、张敏、刘丹：《农村公共文化民生建设的理论原则与实践途径——以吉林省为例》，《桂海论丛》2013 年第 5 期。

吴理财、李世敏：《农村公共文化的陷落与重构》，《调研世界》2009 年第 6 期。

万林艳：《公共文化及其在当代中国的发展》，《中国人民大学学报》2006 年第 1 期。

魏鹏举：《文化事业的财政资助研究》，《当代财经》2005 年第 7 期。

韦廷桒、邹继业：《民族地区城乡一体化发展：问题与对策——以广西壮族自治区为例》，《改革与战略》2010 年第 12 期。

新华社：《中国共产党第十七届中央委员会第六次全体会议公报》，《当代广西》2011 年第 21 期。

新华社：《中国共产党第十八届中央委员会第五次全体会议公报》，《求是》2015 年第 21 期。

项江涛：《公共文化服务体系建设的文化效应与价值实现——以西藏为例》，《思想战线》2016 年第 4 期。

新疆新农村文化发展调研组、牛汝极、王茜：《新疆城乡一体化文化建设面临的问题与出路》，《新疆师范大学学报》（哲学社会科学版）2009 年第 4 期。

徐英：《贵阳市农村公共文化服务现状调查分析》，《贵州农业科学》2010 年第 12 期。

岳海鹰、王秀萍：《我国农村公共产品与公共服务供给问题研究综述》，《郑州航空工业管理学院学报》（社会科学版）2006 年第 2 期。

姚文遐：《新疆基层文化建设现状与发展对策》，《兵团教育学院学报》2012 年第 4 期。

尹照东：《发挥边境地区群众文化工作在"五把钥匙"工作中的引领作用》，《新丝路（下旬）》2016 年第 2 期。

张波：《主要西方国家公共文化服务发展之比较》，《沈阳师范大学学报》（社会科学版）2008 年第 6 期。

中共中央关于制定十一五规划的建议:《中共中央关于制定"十一五"规划的建议》,《经济政策法规参考》2005 年第 22 期。

周鸿、黎敏茜:《"一带一路"战略与广西边境地区民族文化安全研究》,《广西师范学院学报》(哲学社会科学版) 2016 年第 4 期。

张军:《寻求短缺的制度原因——兼评短缺的需求决定论和供给决定论》,《经济研究》1991 年第 12 期。

张良:《浅析农村公共文化的衰弱与重建》,《调研世界》2009 年第 5 期。

张良:《农村文化的内涵分析》,《理论与现代化》2010 年第 89 期。

张天学:《农村公共文化产品的供给现状分析及对策建议——基于江苏省徐州地区农村的调查》,《农村经济》2010 年第 6 期。

张涛、彭尚平:《当前城乡文化一体化建设面临的问题及对策》,《中共成都市委党校学报》2012 年第 6 期。

周晓丽、毛寿龙:《论我国公共文化服务及其模式选择》,《江苏社会科学》2008 年第 1 期。

朱旭光、郭晶晶:《双重失灵与公共文化服务体系建设》,《经济论坛》2010 年第 3 期。

张筱强、陈宇飞:《充分保障人民的基本文化权益》,《中共中央党校学报》2008 年第 3 期。

朱云、包哲石:《我国公共文化服务市场化视阈下的政府规制研究》,《世界经济与政治论坛》2013 年第 3 期。

张艳、张勇:《乡村文化与乡村旅游开发》,《经济地理》2007 年第 3 期。

曾志娟、詹嘉文:《农民文化需求与农村公共文化产品供给调查分析——以宜宾市为例》,《重庆科技学院学报》(社会科学版) 2012 年第 17 期。

赵战军、谢梅:《我国农村公共产品供给的市场化途径》,《农村经济》2005 年第 12 期。

张祖群、吴少平、罗琼:《以政府采购方式推进公共文化服务》,《中国国情国力》2014 年第 2 期。

Andreoni, J., "Impure Altruism and Donations to Public Goods: A

Theory of Warm-Glow Giving", *Economic Journal*, 1990, No. 401.

Bolton, R. N. and Drew, J. H., "A longitudinal analysis of the impact of service changes on customer attitudes", *Journal of Marketing*, 1991, No. 1.

Chen, Y., "Chapter 67 Incentive-compatible Mechanisms for Pure Public Goods: A Survey of Experimental Research", *Handbook of Experimental Economics Results*, 2008, No. 7.

Churchill, G. A. and Surprenant, C., "An investigation into the determinants of customer satisfaction", *Journal of Marketing Research*, 1982, No. 4.

Eecke, W. Ver., "Public goods: An ideal concept", *The Journal of Socio-Economics*, 1999, No. 2.

Olson, M., "The Logic of Collective Action: Public Goods and the Theory of Groups", *Social Forces*, 1965, No. 52.

Tiebout, C. M., "A Pure Theory of Local Expenditures", *Journal of Political Economy*, 1956, No. 5.

Watkins, A.:, Cotts, S. and Swidler, U. eds., "Conversations into Texts: A method for studying public culture", *California Center for Population Research*, 2006.

学位论文

崔凤：《新疆城乡一体化发展研究》，硕士学位论文，新疆师范大学，2013年。

蔡哲毅：《社会资本对农村公共文化服务的影响》，硕士学位论文，福建农林大学，2016年。

杜一玉：《云南边境民族地区村民公共文化服务供给机制研究》，硕士学位论文，云南农业大学，2014年。

关冰洁：《西藏边境地区基层政府公共服务供给问题研究》，硕士学位论文，西藏民族学院，2015年。

弓朵阳：《我国少数民族自治区基本公共文化服务均等化水平与供给效率研究》，硕士学位论文，内蒙古大学，2018年。

孔进：《公共文化服务供给：政府的作用》，博士学位论文，山东大学，2010 年。

李佳真：《系统动力学视野下云南省农村公共文化服务动力机制研究》，硕士学位论文，云南农业大学，2016 年。

刘琳：《农村公共文化产品供需现状的实证研究》，硕士学位论文，山西大学，2009 年。

汪超：《西部农村公共文化产品供给模式研究》，硕士学位论文，陕西师范大学，2009 年。

于丽：《新农村建设中的公共文化产品供给研究——以新余市"农家书屋工程"建设为例》，硕士学位论文，南昌大学，2008 年。

张云峰：《黑龙江省建设农村公共文化服务体系研究》，博士学位论文，东北农业大学，2010 年。

致　　谢

　　时光飞逝，经过四年多的探索、研究和总结，《西部民族地区村民公共文化需求与供给研究》终于进入了尾声。

　　想起课题刚立项时，自己心里又是激动又是焦虑。激动的是自己终于拥有了国家级的项目，焦虑的是如何结题。说实话，对于是否能顺利结题，心里真的没有信心，以至于自己好长时间都是惶惶不可终日。

　　为了顺利完成课题，自己带着团队从此走向了西部边境的乡村。在这四年里，几乎走遍了云南的边境乡村；走访了毗邻印度、尼泊尔的西藏亚东县乃堆拉贸易通道上的乡村；走访了毗邻越南的广西东兴海洋民族京族；走访了比邻蒙古国，集沙漠、戈壁、绿洲、山谷、草原、森林和冰雪为一体的奇台县。在这四年里，见证了云南边境那婀娜多姿的乡间民族舞蹈，见证了西藏那震撼人心的朝拜仪式，见证了新疆穆斯林群众那虔诚的祈祷，见证了广西京族那火热的渔民生活。我们惊叹于祖国山河之美，更为有如此多民族的灿烂文化感到自豪。

　　随着这些走访和调查，随着资料越来越丰富，自己对课题也越来越感兴趣，对结题也越来越有信心。如今，终于顺利通过了国家的审核，终于成稿。虽然研究成果还有很多不足，但总算可以面世了！

　　这一研究成果能够面世，凝聚了很多人的心血和付出。我要感谢广西东兴的张婷女士，感谢西藏亚东的黄春平老师，感谢云南农村干部学院的黄荣华老师！是你们的帮忙，才能使我顺利完成西部乡村公共文化的调研！我要感谢云南大学的李志农教授、林艺教授，云南农业大学人文学院的秦莹教授！是你们的真诚见解和建议，让我茅塞顿开！我要感谢云南农业大学经济管理学院！是学院的鼎力支持和督促，才能顺利立项、结题、出版！我要感谢中国社会科学出版社的任明老师及其他编辑，是你们的认真校对及修改，才让本书的质量有了进一步的提高！我要感谢我的研究生杜一玉、李佳真、吕兴洋、袁鹏、万齐旺等，是你们的无私付出和深入探索，课题才得以顺利完成！我还要感谢那些记不住姓名的帮助者，你们是最美的贡献者！

最后，我要感谢我的家人。是你们的陪伴，我才能一直向前！

张仙
2020 年 7 月 19 日